負債と資本の会計学

新株予約権・複合金融商品・ストック・オプションの検討

名越 洋子 著
Nakoshi Yoko

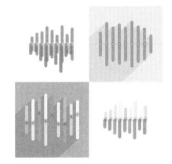

中央経済社

はしがき

　本書では，負債と資本の会計をテーマにして，会計基準の考え方とそれを支える理論を議論しようとするものである。その際，会計実務と事例を研究する過程で，議論すべき論点を探してきた。もともと，本書における研究は，転換社債など複合金融商品の区分処理が出発点であり，それは修士学位論文から続けてきたものである。複合金融商品に関する研究の後には，ストック・オプションを中心とする研究となった。会計基準の設定過程を追求しながら，どのような原因で基準設定が行われるのか，企業行動が会計基準設定に与える影響は何か，また設定された会計基準が企業行動にどのように影響するのかについて考察してきた。

　本書の範囲は，新株予約権とそれに関連する取引を研究することに限定されているような印象であるが，資本に関する研究として，最近は，普通株式とは性質が異なる種類株式に関する事例分析により会計上の性質を検討すること，そして，親会社の有する議決権比率が小さい場合の特別目的会社を連結範囲に含める際，その非支配株主持分が，通常の子会社の場合と同じ種類であるとみなしてよいかを検討することにつながっている。これらの点については，今後，純資産の部におけるテーマとして取り組んでいきたい。

　もともと，筆者が会計学に興味を持ったきっかけは，1980年代の終わりに，米国の会計基準において，合併・買収（M&A：Merger & Acquisition）に関して複数の会計方法が存在し，資産に関して簿価で評価する場合と時価で評価替えする場合があることを知ったときであった。会計基準について理論的に説明してみようという思いと，さまざまな解釈の余地があるように思えた米国会計基準の特徴にひかれる思いであった。あれから30年近い月日がたち，米国の会計基準の体系は変わり，国際財務報告基準が目立つ存在である。しかし，今でも，米国の会計基準の理論は検討する余地がある。

　日本の会計学の研究手法もここ20年で変わり，実証的な会計研究が盛んである。そこでは説明変数として有効かどうかが問われているが，筆者としては，

理論と事例，歴史にこだわる姿勢で本書を執筆した。

　本書の出版に際しては，公益財団法人日本証券奨学財団（The Japan Securities Scholarship Foundation）より，平成29年度研究出版助成金を受けた。研究書の出版が厳しい状況下で，採択していただいたことに感謝申し上げたい。今回は，当財団からの出版助成の応募要領を拝見した時に，どうしてもここから助成を受けたいという思いが強くなり，執筆意欲が高まり，執筆のペースが大幅に速くなった。出版助成への応募は初めてであったが，採択され，嬉しい思いである。本書は特に，資金調達手段としての複合金融商品の発行など，証券業界にもかかわりのある研究テーマであるので，発信の機会を与えていただき光栄である。

　なお，在学していた東京大学大学院や勤務先の明治大学を通じて，異なる大学の研究者や公認会計士，実務家が集まる研究会や委員会に参加させていただいたことは，大きな財産となった。特に，明治大学に勤務したばかりのころに，財団法人企業財務制度研究会のストック・オプション等株式関連報酬研究委員をつとめることとなり，会計基準に関する理論的な研究を，実際の基準設定に役立たせていただく過程を体験した。その際，公認会計士，会計実務の担当者，商法研究者，証券取引所，シンクタンクの方々とも議論させていただき，執筆力を高めることができた。このように，実務に関連した委員会への参加は，会計実務からテーマを発見する作業において，現在に至るまで貴重な財産となっている。

　また，東大での斎藤静樹先生（東京大学名誉教授，明治学院大学名誉教授）や大日方隆先生（東京大学教授）が主催した研究会，及び醍醐聰先生（東京大学名誉教授）主催の現代会計フォーラムでも，さまざまな議論を行い，論文の感想も聞くことができた。

　会計関係の研究会ではないが，日本コーポレート・ガバナンス・フォーラムにおいて，長年にわたり，運営委員をつとめてきたが，研究大会で講演や討論を行い，執筆する機会に恵まれた。企業統治という観点からストック・オプション報酬や米国のエンロン破綻にみる会計不正を検討することになり，本書の一部には，そのときの成果が含まれている。コーポレート・ガバナンスの研究においては，法曹関係者や会計実務の担当者とも活発な議論を行うことができた。

　そして，今までご指導いただいた先生方や諸先輩に，御礼を申し上げたい。

はしがき *III*

慶應義塾大学経済学部でのゼミの指導教授であった清水雅彦先生（横浜商科大学学長，慶應義塾大学名誉教授）には，専門の産業連関分析や計量経済学とともに，研究の楽しさと厳しさを教えていただいた。そして，東京大学大学院経済学研究科では，斎藤静樹先生と醍醐聰先生より厳しいご指導を受け，明らかになったこととわからないことをきちんと区別するという基本原則を叩きこまれた。論文の具体的な書き方や研究の進め方については，大学院在学時に，大先輩である故・川本淳先生（元学習院大学教授）と米山正樹先生（東京大学教授）に言葉に言い尽くせぬほどのたくさんの教えを受けた。私も先輩方のようになれるだろうか，と日々問いかけている。

東大での研究会を通じて，大日方隆先生や德賀芳弘先生（京都大学教授）にも厳しいコメントをいただいた。明治大学に奉職してからは，森川八洲男先生（明治大学名誉教授），加藤達彦先生（明治大学教授），山本昌弘先生（明治大学教授）に研究と教育面でアドバイスをいただき，単著での研究書籍を早めにまとめる意義について教えていただいた。

中央経済社からは，筆者が若手研究者とよばれていたころから，「充実した研究書を」という励ましのお言葉をいただいていた。遅筆であった筆者は，最初の担当者の竹内伸介氏と現在の担当者の田邉一正氏に，大変お世話になった。特に，田邉氏には，何とか完成に至るまで並走していただき，図表の作成や調整をお手伝いいただいた。本当に感謝申し上げたい。また，中央経済社山本継社長にも，筆者の学会報告にいらしていただき，さらに，出版助成の決定後には，入稿までにすべき作業について，アドバイスと励ましをいただいた。

最後になったが，研究生活を支えてくれた両親と友人たちに感謝したい。

2018年1月

名越　洋子

i

目　　次

第1章　本書の問題意識と各章の構成 ……………………………… *1*

第1節　はじめに／*1*

第2節　新株予約権が金銭と引き換えに単独で発行されるケース
　　　　／*2*

第3節　新株予約権を付した社債が発行されるケース／*5*

第4節　新株予約権がストック・オプションとして無償で付与され
　　　　るケース／*10*

第5節　おわりに／*13*

第2章　転換社債など複合金融商品の発行の会計
　　　　——区分処理と払込資本の測定 ……………………………… *15*

第1節　はじめに／*15*

第2節　複合金融商品の範囲と発行状況／*16*

　　　　1　日本の新株予約権制度における複合金融商品の範囲と分類／*17*

　　　　2　米国の複合金融商品の範囲と分類／*18*

第3節　複合金融商品の区分処理における利益計算とその論理／*19*

　　　　1　区分処理における利益計算／*19*

　　　　2　区分処理の論理／*21*

第4節　区分された新株予約権の性質——払込資本に算入される理由
　　　　／*24*

第5節　権利行使時に拠出された社債（負債）に関する測定／*27*

　　　　1　新株予約権の行使時の現金払込と社債による代用払込／*27*

　　　　2　新株予約権の行使時の社債による代用払込と転換社債の転換——払
　　　　　込資本の増加金額と負債の評価問題の接点／*30*

第6節　おわりに／*33*

ii

第3章　取得条項付転換社債型新株予約権付社債の会計問題
──一部現金決済の可能性のある取得と消却 *39*

第1節　はじめに／*39*

第2節　日本の転換社債型新株予約権付社債の発行事例にみる取得条項の内容／*40*

1　転換社債型新株予約権付社債の取得条件と取得の対価／*40*

2　株価が転換価格を上回る場合の取得条項──額面現金決済型／*41*

3　株価が転換価格以下の場合の条項──ソフトマンダトリー条項／*42*

4　取得の対価と取得条項の内容の分類／*45*

第3節　取得の対価が現金の場合──繰上償還と比較して／*46*

1　取得時の会計処理／*47*

2　消却時の会計処理──取得と同時に消却することが明らかではないケース／*47*

3　取得と同時に消却することが事前に明らかであるケース／*48*

第4節　取得の対価が自社の株式の場合──転換と比較して／*49*

1　取得時の会計処理／*50*

2　消却時の会計処理──取得と同時に消却することが明らかではないケース／*51*

3　取得と同時に消却することが事前に明らかであるケース──払込資本の測定／*52*

第5節　取得の対価が現金と自社の株式の両方の場合／*54*

1　取得時の会計処理／*55*

2　消却時の会計処理──取得と同時に消却することが明らかではないケース／*55*

3　取得と同時に消却することが事前に明らかであるケース──払込資本の測定／*56*

第6節　米国基準と国際基準でみられる一部あるいは全部が現金決済される転換社債の会計／*59*

1　米国基準の転換社債の種類──株式決済型，現金決済型，一部現金決済型／*59*

2　米国FASB職員公報の転換社債の会計の適用範囲と内容──通常の

目　次　*iii*

転換との違い／*60*

第7節　おわりに／*62*

第4章　自社株式による決済の会計と負債・資本の区分……… *65*

第1節　はじめに──株式の「通貨化」という状況／*65*

第2節　資産と費用の測定に関する基本的な考え方／*66*

　　1　債務の金額があらかじめ決められているケース／*66*

　　2　債務の決済条件が株式数によって決められているケース／*67*

　　3　自社株式による決済とストック・オプション会計基準──米国の会計基準と国際会計基準／*70*

第3節　自社株式による決済を伴う債務は負債か資本か──米国FASBでの議論／*71*

　　1　米国FASBの討議資料（1990年）──負債と資本の区分に関する議論の始まり／*72*

　　2　米国FASBの公開草案（1993年）と会計基準（1995年）──ストック・オプション会計における負債に関する検討／*75*

　　3　米国FASBの2つの公開草案（2000年）──負債の定義の修正と負債と資本の区分に関する議論／*76*

　　4　米国FASBの会計基準（2003年）──負債と資本の区分／*78*

　　5　米国FASBのマイルストーン草案（2005年）──負債と資本の区分に関する新しいアプローチ：所有関係・決済アプローチの提案／*79*

　　6　米国FASBの予備的見解（2007年）──負債と資本の区分に関する議論：基礎的所有アプローチの提案／*83*

第4節　自社株式による決済を伴う債務は負債か資本か──IASCとIASBでの議論／*85*

　　1　国際会計基準第32号（1995年設定，1998年修正）と解釈指針（1998年）における持分金融商品の定義／*85*

　　2　国際会計基準第32号2003年改訂における持分金融商品の定義／*86*

第5節　自己株式の取得と処分の観点／*88*

　　1　自己株式のとらえ方と自社株式による決済／*88*

　　2　日本の現行の自己株式の処理までの経緯──資産計上から資本控除

iv

へ／89

第6節　おわりに／91

第5章　米国のストック・オプションの会計基準の変遷にみる　費用認識の根拠と税効果会計 ·················· 95

第1節　はじめに／95

第2節　ARB第43号第13章Bにおけるストック・オプションの費用
　　　　認識——報酬プランと非報酬プランとの区別（1953年）／96

第3節　APB意見書第25号における費用認識——報酬プランと非報酬
　　　　プランとの区別（1972年）／100

第4節　FASB公開草案における費用認識——公正価値の算定と前払
　　　　報酬の資産計上（1993年）／103

　　　1　公正価値法での報酬金額の算定と払込資本／103

　　　2　公正価値法での報酬金額の資産計上——前払報酬としての位置づけ
　　　　と資産性／107

　　　3　ストック・オプションの公正価値の測定時期に関する議論／109

第5節　FASB基準書第123号（改訂前）での費用認識と払込資本の
　　　　増加——APB意見書第25号の適用が認められる範囲（1995年）
　　　　／111

　　　1　FASB公開草案における公正価値法との違い——前払報酬の資産性
　　　　をめぐる議論／111

　　　2　APB意見書第25号による本源的価値法の適用が認められた範囲／
　　　　113

第6節　米国の会計不正（エンロン事件）がストック・オプション
　　　　会計に与えた影響——FASB第123号改訂版（2004年）／115

　　　1　米国企業による公正価値法の適用状況／115

　　　2　エンロン破綻と公正価値法への自主的な移行／115

　　　3　会計不信による株主からの圧力と公正価値法の適用／117

　　　4　会計基準の改訂に対する米国企業の反応——ストック・オプション
　　　　制度の廃止と新たな制度の導入／118

目　次　*v*

第7節　ストック・オプションに関わる米国の税効果会計の変遷
──資本計算と利益計算の観点から／*119*

 1　米国税法上の控除規定（損金算入）／*119*

 2　会計上の費用認識と税務上の損金算入の違い／*120*

 3　APB意見書第25号におけるストック・オプション関連の税効果会計
（1972年）／*121*

 4　FASB基準書第109号における税効果会計の規定（1992年）／*124*

 5　FASB公開草案におけるストック・オプション関連の税効果会計
（1993年）／*125*

 6　FASB基準書第123号（改訂前）におけるストック・オプション関連
の税効果会計（1995年）／*128*

 7　改訂後のFASB基準書第123号におけるストック・オプション関連の
税効果会計（2004年）／*130*

 8　2016年におけるストック・オプション関連の税効果会計の改訂
──資本計算から損益計算への移行／*135*

第8節　おわりに／*136*

補　論　米国の株式関連報酬の範囲──負債に分類される株式関連報酬
／*138*

 1　現金決済型の株式関連報酬制度／*139*

 2　現金SAR（現金決済型の株式評価益受益権）の会計処理／*140*

 3　タンデム・アワードの会計処理／*140*

 4　負債に区分されるその他の株式関連報酬／*141*

第6章　日本企業のストック・オプションの特徴と
自己新株予約権の処理……………………………………………… *147*

第1節　はじめに／*147*

第2節　ストック・オプションに関する会計基準と考え方／*148*

 1　新株予約権の無償付与に関する基本的な考え方／*148*

 2　費用の計上と新株予約権の計上／*150*

 3　新株予約権として計上されたストック・オプションの処理／*151*

 4　米国のストック・オプション会計基準の変遷／*151*

第3節　日本企業のストック・オプションの発行例／*153*

1　通常のストック・オプション報酬の計上と開示／*153*

2　有償ストック・オプション／*154*

3　株式報酬型ストック・オプション／*155*

第4節　ストック・オプションと自己新株予約権——SBIライフリビングの事例から／*161*

1　自己新株予約権の取得と処分の事例／*161*

2　自己新株予約権の取得と消却の事例／*163*

3　自己新株予約権の会計基準の規定と事例分析／*165*

第5節　おわりに／*167*

第7章　結論と今後の課題 …………………………… *171*

第1節　本書の問題意識——負債と資本の会計の議論の範囲／*171*

第2節　資金調達手段としての新株予約権——複合金融商品の発行／*172*

第3節　決済手段としての新株予約権——ストック・オプションと自社株式／*176*

第4節　今後の課題／*181*

補　論　日本の新株予約権の発行事例にみる修正条項の存在——行使条件の変更との比較／*182*

1　修正条項付で新株予約権が発行された事例／*183*

2　新株予約権の行使価格の修正と行使条件の変更に関する日本の会計基準／*184*

3　新株予約権の行使価格の修正と米国の会計基準／*185*

4　新株予約権の行使価格の修正と国際会計基準／*187*

参考文献／*191*

索　引／*197*

vii

＜初出一覧＞

　本書の執筆にあたって，以下の論文に関して，大幅に加筆修正を行い，再構成した。
加えて，第1章，第2章，第5章に関しては，新たに書き下ろしたものを追加している。

第1章

「新株予約権付社債の区分処理とストック・オプション」『企業会計』第55巻第7号，
　　pp.33-41（2003年7月）

第2章

「新株引受権付社債の会計問題」『會計』第147巻第4号，pp.121-131（1995年4月）

「条件付き新株発行と拠出資本の測定―新株引受権の行使と転換社債の転換―」『産
　　業経理』第55巻第4号，pp.110-116（1996年1月）

「複合金融商品の会計」『国際会計基準と日本の企業会計』醍醐聰編著（中央経済社）
　　第3章3-3収録，pp.149-159（1999年12月）

第3章

「取得条項付転換社債型新株予約権付社債の会計問題―現金と自社の株式による取
　　得と消却を中心に―」『明大商学論叢』（明治大学商学研究所）第98巻第3・4号，
　　pp.47-63（2016年3月）

第4章

「株式発行による支払義務にみる会計情報の諸問題―負債の定義の再考と自己株式の
　　処理―」『明治大学社会科学研究所紀要』（明治大学社会科学研究所）第40巻第1号，
　　pp.91-102（2001年10月）

「自社株式による決済の会計と負債・資本の区分」『明大商学論叢』（明治大学商学研
　　究所）第99巻3・4号，pp.15-35（2017年3月）

第5章

「ストックオプションにかんする税効果会計―米国の会計基準と税法にてらして」『経
　　済と経済学』第84号（東京都立大学経済学会），pp.57-65（1997年7月）

「ストックオプションに関する会計測定とディスクロージャー」『年報財務管理研究』
　　第7号（1997年6月）

「ストックオプションにかんする会計情報と自己株式の処理―資本取引か損益取引か
　　―」『明大商学論叢』（明治大学商学研究所）第81巻第3・4号，pp.451-463（1999

年3月）

「ストック・オプション報酬に関する会計情報の公開と経済的影響—報酬費用の測定と情報内容をめぐって—」『明大商学論叢』（明治大学商学研究所）第82巻第2号，pp.341-858（2000年3月）

第6章

「日本企業のストック・オプションの特徴と自己新株予約権の処理」『ディスクロージャー＆IR』第1号，pp.131-141（2017年5月）

第7章補論

「新株予約権の発行と行使価額の下方修正」『明大商学論叢』（明治大学商学研究所）第89巻第2号，pp.203-215（2007年3月）

第1章

本書の問題意識と各章の構成

第1節 はじめに

　負債と資本の区分は，単純に行われるものであろうか。本書では，新株予約権制度を題材に，単独で有償発行されるケースや社債に付けられて発行されるケースを資金調達手段として把握し，ストック・オプションとして無償で付与されるケースを決済手段として理解する。

　現行の新株予約権制度は，2001年の商法改正によって整備されたが，それ以前，日本では，新株引受権という名称があり，新株引受権付社債が流通していた。そこでは，事実上，新株予約権と従前の新株引受権とは同じ性質をもつものと考えることができるが，単独で発行可能かどうかなどの点で異なる。

　米国においても，転換社債や新株予約権付社債が存在するものの，日本と同一の発行形式ではない。本章では，資本会計の議論を，新株予約権の発行と権利行使の際の株式発行の観点から行うことで，負債と資本の区分を考察するが，その前に，資本会計に関する議論の範囲を分類したい。その際，日本と米国の新株予約権の発行形態と発行事例の特徴に留意する。

　次節以降では，日本の新株予約権制度に基づく発行形態を基軸にし，米国の発行形態との比較を行いながら，各章の構成を説明したい。

第2節 ┃ 新株予約権が金銭と引き換えに単独で発行される ケース

　日本の新株予約権制度では，会社は，新株予約権の発行決議に基づいて新株予約権を発行するが，その際，発行価格が決められ，割当を受けた者は新株予約権を申し込み，発行価格の払込を行って，新株予約権の保有者である新株予約権者となる。新株予約権者により権利が行使されると，株式が発行されるが，その際，新株が発行されるか，自己株式が譲渡される。

　日本では，2001年の商法改正により整備された新株予約権制度のもとで，新株予約権の単独発行が初めて可能となった。新株予約権制度が整備される前は，新株引受権付社債という名称で，新株予約権と同じ新株引受権が社債に付けられて発行されており，新株引受権の単独発行は，ストック・オプション目的の発行（無償付与と考えられる）を除けば不可能であった。ただ，この新株引受権付社債に関して，発行時に，分離型として，新株引受権と社債部分を分離可能とする旨を発行要領に記載しておくと，発行後に両者を分離した上で譲渡することも可能であった。このように，日本では，新株予約権制度が整備される以前では，新株引受権の単独発行は不可能であったが，社債に付けて発行しても，事実上，分離募集の形をとることができた。逆に，現在の新株予約権制度では，新株予約権を社債に付けて発行した場合に，両者の分離は不可能となったが，単独で発行することは可能となったのである。

図表1-1 新株予約権の発行形式

	日本	米国
新株予約権の単独での発行	あり （2001年商法改正による）	なし （ストック・オプションの場合はあり）
新株予約権付社債の発行後，分離可能かどうか	分離できない （2001年商法改正による）	分離可能
転換社債の発行	あり	あり

他方，米国では，新株予約権（stock purchase warrant）の単独発行は，ストック・オプション以外では存在しないようであるが，新株予約権と社債部分（debt instrument）が分離可能であるという条件で新株予約権付社債（debt instrument with warrant）を発行し，発行後に両者を分離することは可能である。

　会計処理上は，新株予約権が金銭と引き換えに発行された場合，まず，その対価が認識される。その際，貸方に認識される新株予約権の性質はどのようなものとして考えられるのであろうか。現在の日本の会計基準では，新株予約権は，発行時に，純資産の部に独立項目として，株主資本に含まれる払込資本や留保利益とは区別される形で計上される[1]。権利行使時には，株式発行の対価としての性格が認められるため，払込資本（paid-in capital）に算入される。そこでは，新株予約権は，株式を決められた行使条件のもとで購入する権利を意味するのであって，株式と同義ではないと考えられているのである。このように，新株予約権と株式とが区別されると考えるのであれば，権利行使が行われる前は，新株予約権を払込資本に含めないということになる。他方，権利行使されないまま行使期限が切れた場合には，利益に算入されるという。このように，権利行使された時のみ新株予約権の対価を払込資本に算入する考え方は，株主からの払込のみを払込資本とする考え方に整合的であるといえる。

　なお，日本では，2001年に新株予約権制度が整備された時点では，新株予約権が純資産の部に算入されるとする会計基準はまだ規定されていなかった。そのため，従前の新株予約権の会計処理と同様に処理された。そこで，2005年までは，新株予約権は発行時に仮勘定として負債の部に計上されたうえで，行使時に払込資本に算入され，権利行使されないまま行使期限が切れた場合は利益に算入されるものとされていた[2]。このように，日本で，新株予約権が負債の部に仮勘定としてかつて計上されていたことは，払込資本との区別を重視していたからであり，負債とすることに積極的な意味はなかったように思える。その後，純資産の部に新株予約権が計上されるようになった。

　他方，米国基準では，新株予約権の発行時に，その対価を払込資本に算入している[3]。そこでは，株主と新株予約権者を同質の者とみる考え方により，株式への払込と新株予約権への払込とを権利行使前から同質のものとみている。その点について，国際会計基準でも同じ考え方がとられてきた[4]。

図表1-2 新株予約権の処理

	日本	米国	IFRS
発行時	純資産の部に 払込資本とは区別して 計上	払込資本に 計上	払込資本に 計上
行使時	払込資本に算入	そのまま	そのまま
行使されないまま 期限切れ	期間利益に算入	そのまま	そのまま

　米国では，新株予約権について，米国の財務会計基準審議会（Financial Accounting Standard Board : FASB）の概念基準書（Statements of Financial Accounting Concepts : SFAC）第6号「財務諸表の構成要素」[5]における負債（liability）と資本（equity）の定義から，資本であることが導かれている。概念基準書によれば，負債とは，「他の実体による当該実体の資産に対する請求権で，将来の資産の犠牲を伴うもの」を意味している。この定義からは，新株予約権者は請求権を有するものの，権利行使された時には，会社は，行使条件にしたがって自社株式を発行するだけであり，何らかの資産を犠牲にするわけではない。自社株式は資産ではないと考えられるため，新株予約権は負債に該当しないと考えられてきたのである。概念基準書第6号では，負債に該当しないものをすべて資本に含めており，負債と資本は，相互排他的な概念として把握されている。新株予約権が負債でないとすれば，資本に含めるしかない。

　以上の議論に従ったうえで，新株予約権を，権利行使されるまでは仮勘定として純資産の部（米国では資本の部）に計上し，行使されて初めて，新株予約権を株式と同じように払込資本に算入することも考えられる。もし，権利行使が行われないまま行使期限が切れた場合には，仮勘定として計上した新株予約権を利益に算入することも考えられるように思える。しかし，米国の会計基準や討議資料などにおける設例を見ると，権利行使が行われない場合には，利益に算入されず，払込資本に算入されたままである。いったん払込資本に算入したものを利益に振り替えることはできないからである。この点で，米国基準では，新株予約権への払込と株式への払込が区別されていないといえる。

新株予約権を金銭と引き換えで単独で発行したケースは，日本では，2005年の東京放送（現TBSホールディングス），2006年のスカイマークエアラインズ，そして2010年の間組（現安藤ハザマホールディングス）などの発行例があるが，いずれも第三者割当であり，行使価格に関して修正条項が付けられていた。行使価格に関する修正条項とは，当初行使価格が設定されたうえで，発行会社の普通株式の時価との関係で上方または下方に修正されることを盛り込んだ条項のことである。東京放送の場合，行使価格に関する修正条項は，買収の脅威にさらされた場合に普通株式の時価を下回るように下方修正が行われるという内容であった。スカイマークエアラインズと間組に関しては，新株予約権の発行が救済手段としての資金調達に用いられていた。資金調達方法としての新株予約権の金銭と引き換えでの単独発行は，日本ではあまり例がなく，むしろ新株予約権付社債の形で発行されることによる資金調達が多い。新株予約権付社債の発行においても，過去には，行使価格に関する修正条項が伴うこともあった。修正条項については，第7章補論でとりあげたい。

第3節 新株予約権を付した社債が発行されるケース

前述のように，日本の新株予約権制度のもとでは，新株予約権と社債とを組み合わせて発行するケースが制度化されているが，この新株予約権制度の導入前から存在した，新株引受権付社債や転換社債（convertible debt instrument or convertible bond）と形式的にも実質的にもほぼ同じである。これらは，複合金融商品（compound financial instrument）ともよばれている。しかし，従前は，発行後に新株引受権と社債とが分離可能である，いわゆる分離型の新株引受権付社債（debt instrument with detachable warrant）が存在したが，現行制度では，分離型は，新株予約権と普通社債との分離募集と同じであると考えられたので，新株予約権付社債にあたらないとされている。つまり，現行の新株予約権制度のもとで定義された新株予約権付社債は，新株予約権と社債とを分離譲渡できないものに限っているので[6]，従前の非分離型の新株引受権付社債と転換社債に該当する。

つまり，新株予約権付社債の発行パターンのうち，権利行使時に代用払込が認められるケースを，非分離型新株引受権付社債と同じであるととらえている。また，新株予約権の行使時に代用払込が義務づけられる場合には，社債要項等で社債と新株予約権が単独で存在しえないことが明確にされているケースについて，転換社債と同じであるとして，「転換社債型新株予約権付社債」という名称が用いられている。日本企業の新株予約権付社債の発行状況をみると，転換社債型新株予約権付社債の発行がほとんどである。

なお，会計上の処理について，転換社債も含め新株予約権付社債は，新株予約権に社債を付けて発行することから，新株予約権と社債部分とを分けて認識するという考え方が存在する。この考え方は，現在も，国際会計基準（International Accounting Standards : IAS）（2001年以降に新しく設定されたものは国際財務報告基準（International Financial Reporting Standards : IFRS）と称する）で採用されており，複合金融商品として把握されたものは，分解して処理されるように規定されている。そこで，複合金融商品の一種である新株予約権付社債が，新株予約権と社債とに分けて処理されるとすれば，前述のように，新株予約権は，単独で発行される場合と同様に，純資産の部に独立項目として計上されるか，あるいは，米国基準のように，新株予約権が払込資本に算入されたうえで，社債に関しては負債計上される。新株予約権付社債の発行価格は，一部が純資産の部あるいは払込資本に計上され，残額は負債計上されるというように割り当てられるのである。社債部分による代用払込あるいは転換により権利行使がされれば，株式に振り替えられると考えられるので，行使時には，新株予約権と社債部分の両方が払込資本に算入される。このように，新株予約権と社債を分けて処理することは区分処理とよばれており，第2章でくわしく検討する。なお，区分処理を行わずに，新株予約権付社債を一括で認識する場合には，権利行使されるまでは全額が社債として負債計上される。

日本企業の転換社債の発行事例を見ると，2006年以後現在までは，取得条項の付いた発行がほとんどである。取得条項とは，転換社債の発行要領において，発行企業が社債権者から転換社債を取得することが選択される可能性が示されている条項である。取得条項には，現金のみによる取得，自社株式のみによる取得，そして現金と自社株式の両方による取得の3パターンがある。これら

は，それぞれ，現金決済型（cash conversion or settlement），株式決済型（stock conversion or settlement），現金と株式の両方による決済型（settlement partially in cash upon conversion）として把握することができる。取得条項付の転換社債については，一部現金決済の可能性のあるものとして，第3章で検討する。

　前述のように，日本の新株予約権制度のもとで，新株予約権が社債に付けて発行される場合には，分離型は現行制度上もはや存在しない。また，新株予約権と社債部分が分離可能ではないとはいえ，転換社債型での発行がほとんどである。転換社債型新株予約権付社債の発行の際，発行要領において，新株予約権を無償としたり，新株予約権と引き換えに金銭の払込を要しないこととする記述がみられる。新株予約権について，無償，あるいは，引き換えに金銭の払込を要しないとすることで，新株予約権付社債について，新株予約権と社債部分とを区分して処理することができないようにしたと思われる。**図表1-3**では，帝人株式会社が2014年に転換社債型新株予約権付社債を発行した際の発行要領を示したが，そこでは，「新株予約権と引き換えに金銭の払込みを要しないこととする理由」が述べられている。他企業の転換社債型新株予約権付社債の発行要領でも，同様のことが書かれている。

図表1-3 **帝人株式会社による転換社債型新株予約権付社債の発行時の発行要領**

Ⅱ．2021年満期ユーロ円建取得条項付転換社債型新株予約権付社債
 1．社債の名称
　　帝人株式会社2021年満期ユーロ円建取得条項付転換社債型新株予約権付社債
　　（以下Ⅱ．において「本新株予約権付社債」といい，そのうち社債のみを「本
　　社債」，新株予約権のみを「本新株予約権」という。）
 2．社債の払込金額
　　本社債の額面金額の100.5%（各本社債の額面金額1,000万円）
 3．新株予約権と引き換えに払い込む金銭
　　本新株予約権と引き換えに金銭の払込みを要しないこととする。
 4．社債の払込期日及び発行日
　　2014年12月12日（ロンドン時間，以下別段の表示のない限り同じ。）
　　＜途中省略＞
 6．新株予約権に関する事項
　（1）新株予約権の目的である株式の種類，内容及び数

本新株予約権の目的である株式の種類及び内容は当社普通株式（単元株
式数 1,000株）とし，その行使により当社が当社普通株式を交付する数
は，行使請求に係る本社債の額面金額の総額を下記（４）記載の転換価
額で除した数とする。但し，行使により生じる１株未満の端数は切り捨
て，現金による調整は行わない。

（２）発行する新株予約権の総数
　　　2,000個及び代替新株予約権付社債券（本新株予約権付社債券（下記７
　　　（８）に定義する。）の紛失，盗難又は滅失の場合に適切な証明及び補償
　　　を得て発行する新株予約権付社債券をいう。以下同じ。）に係る本社債
　　　の額面金額の合計額を1,000万円で除した個数の合計数

（３）新株予約権の割当日
　　　2014年12月12日

（４）新株予約権の行使に際して出資される財産の内容及びその価額
　　　（イ）各本新株予約権の行使に際しては，当該本新株予約権に係る本社債
　　　　　を出資するものとし，当該本社債の価額は，その額面金額と同額と
　　　　　する。なお，本新株予約権の行使に際して出資された本社債は，直
　　　　　ちに消却されるものとする。
　　　（ロ）転換価額は，当初，当社の代表取締役又は代理人が，当社取締役会
　　　　　の授権に基づき，投資家の需要状況その他の市場動向を勘案して決
　　　　　定する。

　　　＜途中省略＞

（９）新株予約権と引き換えに金銭の払込みを要しないこととする理由
　　　本新株予約権は，本社債に付されたものであり，本社債からの分離譲渡
　　　はできず，本社債の出資により本新株予約権が行使されると本社債は直
　　　ちに消却され，かつ本社債が繰上償還されると本新株予約権の行使期間
　　　が終了するなど，本社債と本新株予約権が相互に密接に関係することを
　　　考慮し，また，本新株予約権の価値と本社債の利率，払込金額等のその
　　　他の発行条件により当社が得られる経済的価値とを勘案して，本新株予
　　　約権と引き換えに金銭の払込みを要しないこととする。

7．社債に関する事項

（１）社債の総額
　　　200億円及び代替新株予約権付社債券に係る本社債の額面金額の合計額
　　　を合計した額

（２）社債の利率
　　　本社債には利息は付さない。

（3）満期償還
　　2021年12月10日（償還期限）に本社債の額面金額の100％で償還する。
＜以下省略＞

※筆者注：下線部は筆者による。

　他方，米国では，現在も，新株予約権付社債には，分離可能なタイプが存在する。また，転換社債については，保有者に有利な転換権の条件を設定することで，転換を促進させることが可能となる制度がある。加えて，米国では，転換社債は，日本における取得条項と同様に，転換とは別に，転換社債のうちの一部あるいは全部が現金決済となるような状況が想定されている。この状況は，日本における転換社債の取得条項のうち，現金のみによる取得と，現金と自社株式の両方による取得に，実質的に該当すると考えられる。

　なお，新株予約権の行使時に現金による払込が行われる場合に，払込資本の測定に関して，現金による払込金額を増加金額とすることで問題はないであろう。しかし，新株予約権が社債に付いて発行される場合には，現金払込ではなく，権利行使時に社債部分の拠出による代用払込が行われるケースが問題になる。特に，転換社債型新株約権付社債の場合には，権利行使時，すなわち転換時に，社債部分の拠出と引き換えに株式が発行される。このような社債部分による代用払込や転換の場合には，どのように払込資本の増加金額を測定するかが問題となる。

　この点について，まず，第2章において，通常の転換や代用払込のケースを検討し，現行の会計基準が立脚する考え方を確認する。特に，転換社債や社債部分という負債がどのように評価され，払込資本の増加金額が決まるのかに注目するが，現行の会計基準とは異なる考え方も，選択肢として検討したい。

　続く第3章では，日本企業の転換社債型新株予約権付社債の発行事例の多くでみられる取得条項について検討する。その際，日本における取得条項に基づく転換社債の取得・消却は，発行企業の意思決定に基づいて行われるものであり，新株予約権あるいは転換社債の保有者の意思により選択できる通常の権利行使・転換とは異なっている。この点が大きな違いである。また，取得条項に基づく取得・消却は，一部あるいは全部について現金決済の可能性がある。第

3章では，会計処理において，このようなケースが通常の権利行使や転換と同様に考えられるのかを検討することにする。特に，取得・消却の際に株式発行が伴う場合，払込資本の増加金額がどのように測定されるかが問題となる。米国でも，日本における取得条項と極めて似たものとして，あらかじめ一部あるいは全部について現金決済が可能であることを盛り込んだ転換社債の発行が可能である。米国でのこのような転換社債の会計処理とも比較していきたい。

　以上のように，第2章では，新株予約権を付した社債の発行について，転換社債を中心に，複合金融商品として区分処理されるか否かについて検討し，区分された場合の新株予約権の処理について考察する。その後，第2章の終わりには，通常の転換や社債部分の拠出による権利行使について詳しく検討し，その際の払込資本の増加金額の決まり方と，拠出・転換される社債の評価問題を考察する。続く第3章では，取得条項に基づく転換社債の取得・消却の際に株式決済が行われた時の払込資本の増加金額と社債の評価問題について，通常の転換との違いに注意して検討することになる。その際，第2章と第3章とで，負債と資本の問題に関して，同じように議論されるのかも論点になるであろう。

第4節 新株予約権がストック・オプションとして無償で付与されるケース

　以上の議論は，新株予約権が社債に付けて発行されるか否かを問わず，資金調達手段として，現金と引き換えに新株予約権の発行が行われるケースに関するものであった。それに対して，新株予約権は，いわゆるストック・オプションとして，金銭の払込を伴わずに無償で付与されることも可能である。2001年の商法改正による現行の新株予約権制度以前の1997年に，ストック・オプション制度が整備されており，その時点では，日本では，ストック・オプションとしての新株引受権の付与対象者は，取締役・従業員等に限定されていた。そこでは，1997年当時に有償では単独発行されなかった新株引受権が，ストック・オプション目的での無償付与に限って単独で発行可能であるとして制度が整えられたのである。その後の2001年商法改正に基づく新株予約権制度により，日本のストック・オプションの利用範囲が拡大した形となり，自社の取締役・従

業員に加えて，子会社・関連会社の取締役・従業員や外部の取引業者・コンサルタントに対する無償での新株予約権の付与が可能となった。つまり，新株予約権を無償で付与する対象に制限がなくなったのである。なお，新株予約権の無償付与は，当初は，インセンティブ報酬という位置づけであったが，付与範囲について制限がなくなったことから，事実上，現金支払に代用されている局面もある。米国では，そのような決済方法が多く登場し，新株予約権のストック・オプションとしての無償付与の対象が限定されておらず，会計基準の設定における過程において，自社株式による決済に関する会計処理についての議論も行われていた。この点については，本書の第4章で検討される。

　第4章では，米国でのストック・オプション会計と自社株式による決済をみる限り，新株予約権の無償付与について，現金払込を伴って新株予約権が発行されるケースとは異なる議論もある。ストック・オプションの付与という取引をどうみるかによって，新株予約権が資本であるか負債であるかを検討しようとする議論が行われたこともある。このように，現金払込を伴う新株予約権の発行と，サービスと引き換えであるが無償でのストック・オプションの付与とでは，負債か資本の議論の有無などの点で，議論の性質が異なるように考えられる。その点は，転換社債が区分処理されて新株予約権が払込資本の性質をもつとされるときの議論に影響するかはまだわからない。金銭による払込を伴って発行された新株予約権に関する議論が，無償付与でのストック・オプションにあてはまるかどうかについては，一貫した議論ではなく，変質しているように思える。ストック・オプションの多様性について，後に追加的に議論したい。

　このように，ストック・オプションとして新株予約権を無償で付与する場合，新株予約権を計上するには，何らかの資産あるいは費用の計上が必要である。資産の受け入れがない場合には，労働を受け入れると考えられ，米国の会計基準の設定の過程においては，費用が認識されるとされ，その根拠が長い間議論されてきた。そこで，第5章では，米国の会計基準における，ストック・オプションに関する費用認識の考え方を歴史的に概観し，税効果会計において，損益計算か資本計算かの議論が行われてきたことについて検討したい。

　なお，米国では，株式関連報酬として定義されるもののうち，負債に区分されるものがある。それは，行使時の株価と行使価格の差額を現金で支払うとす

る株式評価益受益権（stock accumulation right：SAR）であり，また，そのように現金で決済されるか株式で決済されるかを，付与された者か会社のいずれかが選択できるタンデム・アワード（tandem award）である。これらは，会計基準のうえで，負債とみなされる株式関連報酬として位置づけられている。それゆえ，無償で付与する新株予約権や株式関連報酬として会計処理を考察する際に，条件付きで負債とみるべきであるとする考え方が多くみられる。このように，条件付きで新株予約権を負債とみる考え方については，負債とみなす状況を特殊な状況として区別する立場と，負債とみる考え方自体を否定する立場とがある。なお，これとは別に，転換社債についても，転換権に相当する新株予約権を負債とみる考え方もあるが，区別して考察したい。前述のように，現金払込ではなく，労働と引き換えに無償で付与される新株予約権に関しては，現金払込の場合とは異なる議論が展開されている可能性があることを指摘したい。

　先に述べたように，日本では，1997年にストック・オプション制度が整備されたが，その前年の1996年には，ソニー株式会社によって，疑似ストック・オプションが付与された。そこでは，分離型の新株引受権付社債を発行後に，新株引受権を分離し，それを発行企業であるソニーが買い戻したのちに従業員・取締役に無償で付与するという形式であった。そこでは，新株引受権の買い戻しの際のキャッシュ・アウト・フローが報酬費用となった[7]。その後，新株予約権制度のもとでのストック・オプション制度によっても，しばらくは，ストック・オプションに関する会計基準がないので，ストック・オプションに関する認識は会計上全く行われていなかった。第6章では，日本企業によるストック・オプションの利用状況と会計制度について検討する。2004年に，ストック・オプションに関する費用計上とストック・オプション，すなわち新株予約権の認識が会計基準上規定されてからは，費用計上の回避を理由に，ストック・オプションの付与を控える企業の増加が予想された。しかし，日本企業の場合，現在では，通常のストック・オプションとは行使条件が異なる「報酬型ストック・オプション」とよばれるものがさかんに行われ，これは退職慰労金に代わって用いられている。この報酬型ストック・オプションは，退職後に行使可能となるようなストック・オプションであり，行使価格は多くの場合1円であった。日本企業のストック・オプションの特徴や独自性については，

第6章で詳しくとりあげるが，米国企業とは異なる形のストック・オプションが数多く行われているとみることもできる。

　なお，第2節で述べたように，日本では，新株予約権の計上については，2005年に新株予約権が純資産の部の独立した勘定として計上されるという会計基準が設定されるまでは，負債の部に仮勘定として計上されていた。その点は，ストック・オプションの会計基準が日本で2004年に規定されたときも同じように処理されていた。そこでは，前述のように，ストック・オプションを含む新株予約権について，権利行使までは払込資本とは区別する意味で負債に算入するのであって，積極的に負債に含めていたわけではない。日本では，この点で米国と異なり，現金払込による新株予約権と無償付与による新株予約権とを一貫した形でとらえていた。

第5節 おわりに

　本章では，日本の新株予約権制度のもとでの発行形態を紹介し，発行事例の検討を通じて特徴的な観点を分析した。次章以降の会計処理に関する分析に先立つものであった。

　新株予約権制度のもとでは，金銭と引き換えに単独で発行されるケース，社債に付けて発行される新株予約権付社債，そしてストック・オプションとして無償で付与されるケースが代表的であるが，日本の事例をみると，転換社債型新株予約権付社債の発行が多く，取得条項が付いていることが多い。また，ストック・オプションについては，米国とは異なる特徴のストック・オプションが普及するなどしている。

　本書では，負債と資本の会計学という観点から，新株予約権の性質，特に権利行使前に払込資本と同じものであるのかということ，そして，社債部分の拠出による代用払込や転換，および取得条項に基づく取得の際に，株式発行が行われる場合，負債部分をどのように評価し，払込資本の増加金額を測定するか，という点について議論したい。そこでは，負債の評価問題と払込資本の増加金額の測定問題とが接しているといえる。さらに，現金払込を伴う新株予約権の

発行は，資金調達手段であり，単独発行と社債に付けて発行されるケースが該当するが，そこでの新株予約権の議論と，ストック・オプションとして無償で付与する場合の新株予約権に関する議論が同じものであるか，それとも異なるものであるかを確認したい。特に，日本では，新株予約権制度の下，現金払込を伴う新株予約権と無償付与のストック・オプションとしての新株予約権を一貫したものとしてとらえている。この点を確かめることになる。その際，ストック・オプションとして無償で付与する場合に新株予約権を計上する場合に，何らかの費用認識が必要であり，その点について歴史的にどのような考え方がとられてきたのか，税効果会計を含めて，資本計算との関係も検討していきたい。

◆注
1　企業会計基準委員会（2005a）による。
2　企業会計基準委員会（2002）による。
3　AICPA（1969）による。
4　IASC（1995）による。その後数回の改訂をへている。
5　FASB（1985a）による。
6　旧商法341条ノ2第4項による。
7　この点については，名越（1996b）が詳しい。

転換社債など複合金融商品の発行の会計
——区分処理と払込資本の測定

第1節 はじめに

　現行の新株予約権制度では，新株予約権の付いた社債の発行が制度化されており，複合金融商品（compound financial instrument）ともよばれている。つまり，新株予約権付社債は，負債証券と持分証券の両方の性質をもつ複合金融商品である。このような種類の複合金融商品が発行される時には，将来の株式発行が予定されているものの，必ずしも実行されるとは限らない。権利行使の時点が来たときに，あらかじめ定められた条件に照らして，社債権者である複合金融商品の保有者が，株式の交付を受けるどうかを決めるからである。

　国際会計基準（2001年以降に新しく設定されたものは，国際財務報告基準と称する）や米国の会計基準では，転換社債のうちの転換権に該当する新株予約権について，権利行使を待たずに，払込資本の増加を認める考え方が取り入れられている。つまり，新株予約権と社債を区分して，前者を払込資本に算入し，後者を負債として処理することとなる。そこでは，複合金融商品の発行時点で，後の権利行使による株式発行が確実であろうから，新株予約権への払込は，将来発行される株式への払込の一部であると考えられているためである。特に，国際会計基準では，新株予約権と社債とが制度的に分離できないような転換社

債にも，区分処理が規定されている。

　本章では，複合金融商品の範囲を把握し，日米の発行状況を検討した後に，新株予約権付社債や転換社債の区分処理について，まず，利益計算の観点から分析するが，その際，区分処理の目的を確認することになる。その後，区分処理された新株予約権が払込資本に算入される会計処理について検討を行う。

　最後に，権利行使時に，払込資本の増加金額を測定する際に，払い込まれた資産がどのように評価されるかについて検討を行う。特に，新株予約権付社債の行使について現金ではなく社債の引渡による代用払込が行われる場合と，転換社債の転換において，払込資本の把握がどのように行われるかについて考察することで，負債の評価問題と払込資本の増加に関する測定問題とが接する局面を明らかにしていきたい。

第2節 ｜ 複合金融商品の範囲と発行状況

　国際会計基準では，負債証券と持分証券の両方の性質をもつ複合金融商品（compound financial instrument）に関し，国際会計基準第32号「金融商品：開示及び表示」において，その発行時に，構成要素を負債と資本に区分して処理するように規定されている[1]。分類は，負債と資本の定義に照らして行われることになる[2]。この基準によれば，たとえば，転換社債や新株予約権付社債は，負債性を持つ普通社債と資本性を持つ株式コール・オプションである新株予約権に区分されて処理されることになる。つまり，転換社債などの複合金融商品の発行金額の一部が，発行時に払込資本に算入される。したがって，国際会計基準では，発行の条件や法制度によって物理的に，負債証券と資本証券とを分離することができるか否かを問わず，複合金融商品の区分処理が規定されている。

　それに対して，日米の複合金融商品に関する会計基準をみると，区分処理する旨が国際会計基準のようには規定されていない。また，日本と米国では，負債と資本の両方の性質をもつ複合金融商品について，その範囲が異なっている。以下では，日米の複合金融商品の範囲の違いに注意しながら分類を行い，区分処理に対する日米の考え方について検討してみたい。

1 日本の新株予約権制度における複合金融商品の範囲と分類

日本の会計基準では，複合金融商品は，払込資本を増加させる可能性のある部分を含む金融商品とそれ以外の金融商品とに分類されている[3]。そのうち，払込資本を増加させる可能性のある部分を含む金融商品とは，新株予約権制度のもとで，社債に新株予約権が付けられて発行される新株予約権付社債に該当する。新株予約権制度は，2001年の商法改正によって整備されたが，この制度の導入の前から存在した新株引受権付社債や転換社債と実質的に同じものが存続した形となっている。新株予約権制度において位置づけられた新株予約権付社債は，新株予約権または社債が消滅した場合を除き，新株予約権と社債の一方のみを分離譲渡することができないものに限って発行が制度化されているので，従前の非分離型の新株引受権付社債と転換社債に該当する。制度化前には，新株引受権と社債とに分離できる，いわゆる分離型の新株引受権付社債が存在したが，それは，新株予約権と普通社債を同時に募集したものと実質的に同じであると考えられるので，現行の新株予約権付社債にあたらないのである。

その点を反映して，現在，日本の金融商品会計基準では，新株予約権付社債について，転換社債型新株予約権付社債とその他の新株予約権付社債とに分類されたうえで処理が規定されている。前述のように，日本の現行制度上の新株予約権付社債は，新株予約権と社債部分が分離譲渡できない。そのうえで，日本の金融商品会計基準では，複合金融商品のうち，払込資本を増加させる可能性のある部分を含む複合金融商品については，払込資本を増加させる可能性のある部分とそれ以外の部分の価値をそれぞれ認識することができるならば，区分して処理することが合理的であるとされている。そのうえで，転換社債型新株予約権付社債に定義が与えられており，その他の新株予約権付社債はその定義を満たさないものとされている。転換社債型新株予約権付社債とは，発行要領において，社債と新株予約権がそれぞれ単独で存在しえないこと，そして新株予約権が付された社債を権利行使時における出資の目的とすることをあらかじめ明確にしているケースに該当し[4]，これは，従前の転換社債と経済的実質が同一であるとして，「転換社債型新株予約権付社債」という名称がつけられたのである。なお，社債と新株予約権がそれぞれ単独で存在しえないこととは，

発行要領において，新株予約権について取得事由を定めておらず，かつ社債についても繰上償還を定めていないことが明確であるか，または，新株予約権について取得事由が定められている場合にその取得と同時に社債も取得されることや，社債について取得事由を定めている場合にその繰上償還と同時に新株予約権も消滅することが明らかな場合である[5]。日本企業の新株予約権付社債の発行状況をみると，転換社債型新株予約権付社債の発行がほとんどであり，加えて，現金と自社の株式の両方による取得条項が付けられる場合が多くみられる。

　このように，日本の新株予約権制度における複合金融商品に該当する新株予約権付社債は，非分離型の新株予約権付社債である。そこでは，流通上の分離可能性ではなく，行使時における社債による代用払込の強制の有無や発行要領における発行条件の記載内容により，転換社債型かそうでないかが分類されることになる。

2　米国の複合金融商品の範囲と分類

　米国では，新株予約権付社債について，分離可能な新株予約権付社債（debt instruments with detachable warrants）と転換社債（convertible debt securities）に分類されている。前述のように，日本では，新株予約権制度の導入以来，新株予約権付社債の発行後に，新株予約権と社債のうちどちらか一方が消滅する以外の理由で両者を分離できる場合は，新株予約権と社債が別建てで発行されたとみて，新株予約権付社債の発行には該当しないものとみるようになった。それに対して，米国では，かねてより，新株予約権が社債から分離可能な場合も，新株予約権付社債の発行として認識され，分離可能な場合には，新株予約権が社債部分から区分されて認識されると規定されている。つまり，会計基準上も，発行後に両者が別々に流通する可能性が言及されている[6]。

　米国の会計基準では，分離可能な新株予約権付社債であっても，権利行使時に社債による代用払込が行われる可能性があるとしており，そのような社債の発行時にも，上記の区分処理が適用されるという[7]。しかし，新株予約権を社債部分から分離することが不可能である場合，あるいは権利行使時に社債によ

る代用払込が強制される場合については，実質的に転換社債に相当すると位置づけられている[8]。

　このように，米国の会計基準において，転換社債については，権利行使のオプションの付いた複合金融商品として説明されているが，新株予約権付社債のうち，非分離型で権利行使時に社債による代用払込が義務づけられた場合と実質的に同一であるため，日本の分類と変わりはない。しかし，米国の基準で述べられている転換社債は，権利行使時に株式に転換されるが，行使されないまま期限が切れた場合にのみ現金による償還が行われることを理由に，前述の分離不可能な新株予約権付社債とは区別されている[9]。以上より，米国の会計基準上，払込資本を増加させる可能性のある部分を含む複合金融商品の範囲は，分離可能な新株予約権付社債，分離不可能な新株予約権付社債で現金払込と代用払込が選択できるもの，代用払込が義務づけられた分離不可能な新株予約権付社債，そして転換社債である。なお，米国の転換社債の発行については，一部あるいは全部が現金決済（cash conversion）の可能性のあるものも多く，会計基準上も現金決済に関する規定がある。この点は，日本の取得条項に似ているため，次章で両者を比較して考察する。

　次に，複合金融商品の区分処理について，利益計算の観点から，日米の新株予約権付社債の範囲と分類にそって考察する。

第3節 ｜ 複合金融商品の区分処理における利益計算とその論理

1　区分処理における利益計算

　前述のように，新株予約権付社債など，払込資本を増加させる可能性のある部分を含む複合金融商品の発行については，国際会計基準，米国基準，日本基準では，制度上，発行できる形式が少し異なるほか，区分処理など会計処理に関して，異なる扱いが規定されている。まず，国際会計基準では，払込資本を増加させる可能性のある部分を含む複合金融商品について，形式を問わず，資本性のある新株予約権を区分して発行時に払込資本に算入する。そこでは，分

20

離不可能であっても，負債証券と持分証券の合体である複合金融商品について，負債と資本を貸借対照表上分離表示することが目的となっている。

しかし，米国基準と日本基準では，転換社債のように，新株予約権と社債とが分離不可能でかつ，行使時に社債拠出による代用払込が強制されることで新株予約権と社債部分の単独での存在が不可能であるような複合金融商品について，区分処理が要求されていない。そこでは，負債証券と持分証券が切り離せないような複合金融商品については，新株予約権など持分証券の市場価値が得られないことや物理的な一体性を理由に，区分処理をしないということになっている。日本では，転換社債型に関して，区分処理するか，一体として処理する一括法かの選択を認めている[10]。

もし，複合金融商品を区分処理するならば，利益計算はどのようなものになるであろうか。区分処理されない場合と比較してみよう。たとえば，新株予約権付社債が額面を上回る金額で発行された時には，発行価格が額面を上回る差額がプレミアムとなり，償還までに利益として配分されることで，毎期の利子費用を減額することになる。なお，表面利率がゼロクーポンの場合，プレミアム付きで発行されると，その分が収益となる。しかし，区分処理された場合には，新株予約権付社債の発行に際して払い込まれた金額が，負債証券である社債部分と持分証券である新株予約権とに分けられて認識されることとなる。どのように分けられるのであろうか。ここで，この新株予約権付社債の額面と表面利率が同じであるような普通社債が発行されるケースを考えてみよう。その条件で発行される普通社債には，新株予約権付社債とは異なり，株式コール・オプションである新株予約権が付いていないので，その発行価格は，新株予約権付社債よりも低く設定されて発行されるであろう。つまり，このような普通社債の発行価格が，新株予約権が切り離された社債部分に割り当てられるものと考えられる。

たとえば，額面を超える金額で発行された新株予約権付社債の場合，同じ額面・表面利率で発行される普通社債の発行価格は，新株予約権付社債の発行価格を下回ることになり，普通社債の発行価格が社債部分の発行価格に該当すると考えると，新株予約権付社債と普通社債の発行価格の差額が，新株予約権に該当する。区分処理されると，区分処理されない方法と比べて，新株予約権に

割り当てられた分だけプレミアムが小さくなり，償還期限までにわたって認識される利益は小さくなる。利益計算を大きくしたいという理由から，転換社債の会計処理において，区分処理を行う区分法かそうではない一括法かを選択できる日本基準を適用する場合には，利益の大きい一括法を選択する企業が多いと思われる。実際に，日本企業のほとんどが一括法を選択している。

図表2-1 区分法と一括法の比較（転換社債）

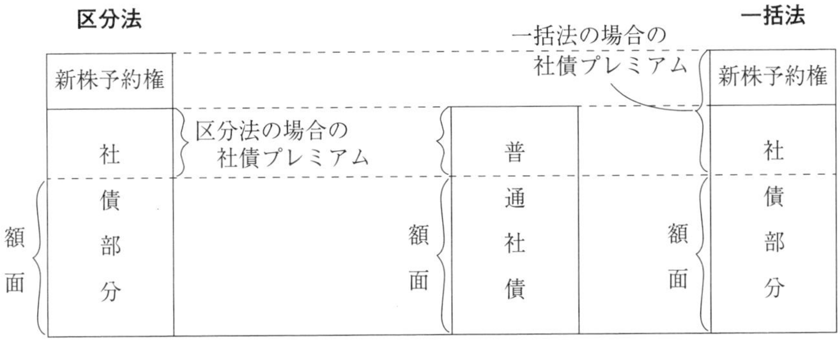

※区分法の場合の転換社債の社債プレミアムは，普通社債に等しい。一括法の場合の社債プレミアムは，新株予約権の対価が社債プレミアムに算入される形となる。

　図表2-1のように，新株予約権付社債の区分処理において計上されるプレミアムないしディスカウントの金額は，普通社債を発行した場合と同じである。したがって，複合金融商品の区分処理とは，会計基準のうえでは，負債証券と持分証券の分離を規定しているが，利益計算上は，持分証券から分離された負債証券が単独で発行される場合と同じ金額の利子費用を計上することを求めているのである。区分処理の論理を説明するために，さらにこの観点から考察をすすめてみよう。

2　区分処理の論理

　もし，米国の制度でみられるように，新株予約権付社債の発行後に，新株予約権と社債部分を分離することが可能であるなら，実際に分離した場合には，社債部分が単独で存在し，普通社債との区別はつかなくなると考えることもで

きる。社債部分と普通社債について，額面・表面利率・償還までの日数が全く同じ場合に限り，発行市場や流通市場では，両者は同じ価格で評価されるであろう。米国の制度でみられるように，新株予約権付社債が発行後に分離可能である場合には，利子費用は，普通社債にそろえて認識されることが整合的であると考える立場に立つこともできる。この立場からは，区分処理が支持される。

　他方，新株予約権が社債から切り離せないような新株予約権付社債はどうであろうか。米国の場合，新株予約権付社債には，新株予約権と社債が分離可能なものと不可能なものとの両方があるが，分離可能か不可能かの違いで，同じ新株予約権付社債の利子費用が異なった金額で計上されてもよいのであろうか。もし，利子費用の大きさが，新株予約権が分離可能か否かにかかわりなく同じであると考えるならば，同じ大きさの利子費用が計上されるであろう。新株予約権が分離可能な状態で社債に付けて発行された場合に，普通社債にそろえて利子費用の計上を行うために区分処理されるならば，分離不可能な新株予約権付社債もそれに従うことになるであろう。このケースでも，負債証券に割り当てられる部分は，額面・表面利率・償還までの期間が同じ普通社債の発行価格に等しい[11]。

　分離不可能な新株予約権付社債とは，新株予約権と社債部分のうち，一方の消滅が権利行使時を除いて不可能であると考えられるので，行使時にのみ一方の消滅が可能であるといえる。したがって，分離不可能な新株予約権付社債であっても，権利行使の際，社債部分の拠出による代用払込だけではなく，現金払込が可能であるとされる。つまり，分離不可能な新株予約権付社債のうち，権利行使が現金払込か代用払込かの選択が可能である場合が考えられる。このとき，現金払込による権利行使が選択された場合は，分離不可能であっても，新株予約権の行使後に社債部分が流通し続けることになる。むろん，保有者は，権利行使後に残った社債部分を譲渡することは可能であるが，流通は続くのである。他方，権利行使時に代用払込が強制されるケースがあるかもしれない。もし，権利行使時に現金払込と代用払込の選択が認められる場合には，保有者がどちらを選択するかで，同じ新株予約権付社債に関して利子費用が異なってもよいのであろうか。もし，同じ利子費用が計上されるなら，分離不可能な新株予約権付社債に関して何らかの処理が行われるとすれば，現金払込か代用払

込かを問わずに同じ処理が行われることになる。この点は，日本の会計基準で述べられている転換社債型以外のその他の新株予約権付社債が分離不可能であるが，そのうち，現金払込による権利行使が可能なケースを想定すると，同じ議論が可能である。

　転換社債型の場合はどうであろうか。日本の転換社債型の場合は，前述の分離不可能な新株予約権付社債を発行して，行使時に社債部分の代用払込が行われるケースと実質的に同じである。特に，もし，発行要領において，この代用払込が，新株予約権付社債の発行時に義務として定められていたとしたら，それは転換社債型と全く同じである。前述のように，米国の制度では，分離可能な新株予約権付社債のうち代用払込が強制されるケースが存在する。その場合，形式が異なるだけで実質が同じであるとみるならば，転換社債型においても，同じ金額の利子費用が計上されると考えることも可能である。

　なお，日本の制度では，分離可能な新株予約権付社債の発行はありえないが，別立てで同時募集した上で，代用払込を強制することもできるかもしれない。

　以上より，新株予約権付社債について，普通社債にそろえて同じ利子費用が計上されるならば，分離可能なタイプ，分離不可能なタイプ，そして転換社債型のいずれもが区分処理され，結果として負債部分と資本部分が切り離されることが考えられる。具体的には，対象となる複合金融商品と同じ額面・表面利率の普通社債の発行価格ないし市場価格をもとにして，負債証券に関する測定を行うことになる。むろんそれに先立って，持分証券の市場価値ないし公正価値が算定されれば，区分された持分証券の割り当て金額が決まってくる。いずれにせよ，完備された市場を前提とすれば，額面と表面利率の同じ普通社債の市場価格と新株予約権の公正価値との合計は，両者の組み合わせである複合金融商品の発行価格に等しい[12]。それを反映して，区分処理に関する会計基準の多くは，複合金融商品の発行価格が，負債証券と持分証券に割り当てられる金額の合計に等しいという仮定で，計算方法を示している。

　もし，複合金融商品の区分処理の目的が，負債証券の部分を普通社債にそろえて利子費用を計上することとして説明されるならば，複合金融商品を負債証券と持分証券とに区別すればよいのであって，持分証券を権利行使の前に払込資本に算入する必要はない。複合金融商品の一部である持分証券は，株式の発

行とは異なり，株式コール・オプションであるから，株主からの拠出に当たらないと考えることもできるからである。それにもかかわらず，長い間，米国の会計基準や国際会計基準において，区分処理の規定では，新株予約権である株式コール・オプションを，株式と同じものとして発行時に払込資本に算入することが要求されている。次節では，新株予約権のような持分証券が権利行使前に払込資本に算入される理由について検討したい。

第4節 区分された新株予約権の性質 ——払込資本に算入される理由

前述のように，国際会計基準では，複合金融商品の発行に際し，負債と資本の定義に従って区分処理が行われてきたが，それは，もともと，米国FASBの概念基準書（Concept Statement）の影響を受けたものであった。しかし，仮に，新株予約権について，権利行使が行われるまで，払込資本以外の項目に計上したとしても，利子費用を普通社債にそろえて認識すれば，前節でみてきた複合金融商品の区分処理の目的は達成されるはずである。新株予約権は，どのような根拠で，行使前に払込資本に算入されることになったのであろうか。

米国FASBの一連の概念基準書のうち，負債と資本に関する定義は，第6号「財務諸表の要素」（SFAC No.6）で与えられていた。そこでは，まず負債の定義が行われてから，資本が「ある実体の負債を控除した後の当該実体の資産に対する請求権」と定義されていた。つまり，負債と資本は，相互排他的な概念とされている。負債については，「特定の実体が，将来他の実体に対して，資産を譲渡しまたは用役を提供しなければならない現在の債務から生じる」[13]ものであると定義されてきた。

国際会計基準はこれにならう形となった。国際会計基準第32号「金融商品：開示と表示」によれば，金融負債は，「発行企業が現金または他の金融資産を他の当事者（保有者）に提供するか，発行企業に潜在的に不利な条件で他の金融資産を保有者と交換するかの契約上の義務が存在するもの」[14]として定義された。持分証券は，「企業のすべての負債を控除した後の残余財産権を証する契約」とされており[15]，金融負債の前述の定義を満たしていないものとして位

置づけられた。

　株式コール・オプションや新株予約権は，発行企業にとって，負債と資本のいずれに該当するのであろうか。オプションである新株予約権の保有者は，発行企業に対して，あらかじめ決められた条件ないし行使価格での株式の発行を請求することができるので，その点では，確かに，新株予約権は，請求権にあたる。しかし，この請求権が行使された時点で，発行企業が何らかの資産を犠牲にするわけではない。現金の受取や社債の拠出などと引き換えに，株式を発行している。そのため，米国の会計基準や国際会計基準では，新株予約権は負債にあたらないとされ，資本すなわち日本でいう純資産の部に算入されるのである。

　ただ，貸借対照表の資本あるいは純資産の部には，払込資本のほか，期間利益の累積した留保利益も含まれる。資本あるいは純資産の部に属するとはいえ，必ずしも払込資本であることを意味せず，期間利益を通じて留保利益に算入することも想定できるのである。つまり，複合金融商品を区分処理して，負債証券を新株予約権から分離しても，新株予約権部分を払込資本に算入するか期間利益に算入するかで，維持すべき資本と期間利益の大きさが異なってくることになる。また，払込資本と留保利益以外に，純資産の部に計上される項目である為替換算調整勘定やその他有価証券評価差額金は，当期の期間利益の計算から除外されることを目的として独立項目とされており，売却・処分が行われれば期間利益に算入される。現行の日本の制度では，新株予約権を純資産の部に独立計上しており，したがって，払込資本にも期間利益にも含めていないのであるが，行使された時点か，行使されないまま行使期限が切れた時点で，処理が決まる。

　このように，純資産の部には，大きく分けて払込資本，留保利益，その他の独立項目があるので，複合金融商品の発行時に区分処理し，新株予約権を純資産の部に含める時には，発行年度に払込資本にする方法，期間利益に含める方法，純資産の部の独立項目にしておいて行使時に処理を決める方法といった複数の方法が考えられる。

　このうち，米国の基準と国際会計基準では，発行年度に新株予約権を払込資本に含めている。新株予約権が行使されて株式が発行されれば，発行企業の利

益として実現する可能性がなくなるということであろう。実際，新株予約権の発行により義務を負うことで，既存株主にとって持分の公正価値の減少をもたらす可能性はあるが，発行企業にとって不利な結果となるわけではない。

完備された市場とオプション・プライシング・モデルを前提とすれば，事後的には，発行時に新株予約権として割り当てられた金額は，行使時の株価と行使価格の差額に対応することになる。権利が行使されたときに，この差額を払込資本とする考え方は，そこから説明することも可能である。しかし，この差額が損益にならないということから，権利行使が不確定な段階で新株予約権に割り当てられた金額の会計処理が決まるわけではないであろう。新株予約権を発行時に独立項目として処理し行使時に改めて処理を決める方法は，その点を考慮したものとみることができる。

米国の基準と国際会計基準では，複合金融商品のうち，持分証券にあたる新株予約権を発行時に払込資本とするので，行使されずに期限が切れた場合も，そのままにしている。米国の基準と国際会計基準の考え方の背景は，行使されなかった新株予約権への払込は，既存の株主に利益をもたらすが，その利益は，期限切れとなった新株予約権の保有者が被る損失に見合っているという点である。そこでは，新株予約権の保有者から株主に富の移転が生じており，両者を広い意味での持分権者と解釈することから，株主間の価値の再分配と同じように，利益は生まれないものと考えられているのである。おそらく，この点は，米国の概念基準書における資本の概念が，株式コール・オプションの保有者と株主との両方からの払込を含むような，広い意味での資本に一括されており，国際会計基準もこの概念を受け入れているからであろう。

それに対して，日本では，株式コール・オプションである新株予約権が社債部分とともに発行された段階で区分処理された場合でも，権利行使が不確定な段階でその割り当てられた金額を払込資本に算入するとは決めていないのである。そこで，行使されずに期限が切れた場合には，利益に算入する余地を残している。それでも，広い意味での資本，すなわち留保利益に算入されることとなる。

米国の基準や国際会計基準のように，株式コール・オプションである新株予約権を発行時から払込資本に計上してしまうと，株主持分が再評価されない現

行の会計ルールに従うことになる。前述のように，完備された市場とオプション・プライシング・モデルを前提とすれば，発行時に測定された株式コール・オプションは，事後的に行使時の株価と行使価格の差額に対応する。しかし，発行日以降，株価変動幅（ボラティリティ：volatility）や配当に変化が生じた場合には，新株予約権の価値は変動するが，払込資本に計上されていれば，変動後の数値を計上することはできない。発行企業側から見れば，株式コール・オプションの価値の変動は，オプションの保有者からの払込に基づかないため，意味のないことかもしれない。しかし，米国FASBでは，新株予約権のうち，従業員に無償で付与するストック・オプションについてのみ，行使時に再評価してから払込資本に含める考え方を検討対象としたことがあった。つまり，すべての新株予約権を同じに扱ったわけではないのである。最終的に，ストック・オプションを負債とみる考え方は放棄されたが，この点については，第4章と第5章で検討したい。

第5節 ┃ 権利行使時に拠出された社債（負債）に関する測定

1 新株予約権の行使時の現金払込と社債による代用払込

前節までの考察では，区分された新株予約権に払い込まれた部分を払込資本に算入するかどうかがテーマであった。しかし，新株予約権が行使された時には，現金の払込や社債による代用払込が行われるため，新株予約権の処理の問題の他に，株式発行と引き換えに払い込まれた部分をどのように評価するかについても問題になるであろう。この点に関し，新株予約権の行使時に現金が払い込まれる場合には，その金額が払込資本の増加金額として認識される。他方，社債による代用払込の場合には，払込資本の増加金額はどのように測定されるのであろうか。

米国の会計基準では，もともと，会計原則審議会（American Principles Board：APB）意見書（Opinion）第26号の解釈「新株予約権を行使するために引き渡された債務」[16]に従って，株式発行と引き換えに社債による代用払込が

行われた場合は，引き渡された社債の帳簿価格が，増加する払込資本の大きさに等しいとされている。この点は，日本の会計基準と同じである。むろん，この拠出された社債の帳簿価格は，新株予約権の行使により現金払込を行う場合に定められている金額と一致する保証はない。帳簿価格は，社債発行時のプレミアムまたはディスカウントをどのように配分したかで決まるのであって，権利行使時に支払うよう定められている現金払込金額と等しくなるようあらかじめ調整されているわけではないからである。

　このように，米国の会計基準では，以前から，新株予約権を行使する際，株式への払込の形式が現金払込か代用払込かによって，増加する払込資本の大きさが異なるのである。しかし，払込にあてられる資産の種類が違っていても，新株予約権付社債の発行時点で両者が無差別とされる場合には，現金払込か社債による代用払込かで，払込資本の大きさに違いがあるのには疑問があるかもしれない。転換社債型や代用払込が強制されるケースとは異なり，現金払込と代用払込のどちらを選択しても差し支えないのであれば，その選択によって払込資本の大きさが異なることはないと考えることもできよう。

図表2-2 新株予約権の行使時の払込形態の違いによる払込資本の増加金額

	現金による払込	社債による代用払込
払込資本の増加金額	行使条件として決められた金額	社債の帳簿価格 （時価はありえないか？）

　しかし，現金払込か社債による代用払込かで，払込資本が異なって測定されることがないとしても，その大きさを，現金払込の場合に定められている金額にそろえるべきかはまだわからない。そこで，新株予約権の行使時に社債による代用払込が行われる場合に，増加する払込資本について，現金による払込金額と同額にすることを検討する。ただ，すべての新株予約権付社債について，行使条件が，現金払込と社債による代用払込の両方が許可されていることであるとは限らない。代用払込が認められないこともあれば，逆にそれが強制されるケースもある。後者の場合には，現金による払込額は存在しない。そのため，行使時の代用払込が強制されている転換社債型のケースでは，払込資本の増加

金額がどのように決まるのかを別途検討することになる。また，複合金融商品の性質として，日米の会計基準では，転換社債型の新株予約権付社債が，分離不可能な新株予約権付社債で代用払込が強制されるケースと同じであると考えられているので，共通する問題を一般的に考察してみよう。

はじめに，新株予約権付社債を発行し，後に権利が行使されたときに，現金払込と社債による代用払込のいずれが行われるかで，利益計算にどのような違いがあるかを検討してみよう。いうまでもなく，現金払込が行われた場合，社債部分が消滅したわけではないので，引き続き社債部分は計上され，発行時のプレミアムやディスカウントは損益配分され，利子費用に加減される。それに対して，代用払込の場合には，社債部分が発行企業に引き渡されるため，プレミアムやディスカウントの損益配分および利子費用の計上は中止される。このように，新株予約権が行使された後の利益計算について，現金と社債のどちらが払込にあてられるかで違いが出る。問題は，そうした違いが，現行のルールのように，払い込まれた資産の評価を変え，新株予約権の行使に伴う払込資本の増加金額を変えるかどうかである。

新株予約権の行使時に現金払込が行われる場合には，行使条件として決められた金額が払い込まれるのであるから，増加する払込資本はその金額に決まる。しかし，社債の引渡により，払込に代用させる場合，前述のAPB意見書第26号の解釈では，増加する払込資本の金額は社債の帳簿価格とされていた。他方，早期償還においては，債務の再取得に支出した金額は時価を反映しており，その金額が帳簿価格と異なれば，償還損益が認識される。すなわち，新株予約権の行使による債務の引渡では，償還のケースと違ってそのような損益は認識されないのである。したがって，損益を生じさせないために，社債部分の帳簿価格がそのまま払込資本の増加金額とされるのである。ここでは，株式を取得するために社債部分が発行企業に引き渡されても，早期償還とは異なるものとされている。

それでは，早期償還と新株予約権の行使時の代用払込とでは，どのような違いがあるのであろうか。早期償還では，社債権者への債務を消滅させる代わりに，発行企業は，現金あるいは有価証券などの資産を交付するか，あるいは他の債務への借り換えを行う。他方，新株予約権の行使時の代用払込のケースで

は，同じように債務を消滅させるとはいえ，資産の交付も借り換えも行わず，負債を株式に振り替える。この考え方では，新株予約権の行使時の代用払込は早期償還とはみなされない。

しかし，それだけの理由で，株式への払込にあてられた資産の種類によって，払込資本の金額に違いがでてもよいのであろうか。もし，新株予約権の行使時の現金払込と代用払込が同じであるべきと考えられても，どちらの金額に合わせるかが問題となる。たとえば，行使時に代用払込が行われる場合に，現金による払込金額として定められたものと同額で社債部分が償還されるとともに，その金額がただちに発行企業に払い込まれて株式と交換されると考えることもできよう。そのように解釈すれば，あらかじめ代用払込が許可される場合，そうした償還と拠出の契約が，新株予約権の発行時に交わされていたと擬制されるのである。もちろん，その金額は社債部分の帳簿価格に一致する保証はないので，新株予約権の行使にあたり，損益が認識されてもおかしくはない。

現金払込か代用払込かが選択できる場合に比べて，代用払込が強制される場合はどうであろうか。そのようなケースでは，転換社債型の新株予約権付社債の発行と同様に，現金による払込金額に該当するものがないため，社債部分の帳簿価格で評価することもひとつの方法であろう。しかし，いくら現金による払込金額が決められていないからといって，それに代わるものが社債部分の帳簿価格だけとは限らないであろう。そのような場合でも，社債部分が何らかの金額で償還されるとともに，ただちにその全額が拠出されて株式が発行されると解釈すれば，そこでの償還金額を，たとえば社債を市場で買い入れた時の時価として決めることも十分考えられる。このように，代用払込が強制される場合の払込資本の増加金額は，社債部分の時価になることもありうるのである。この点は，負債の評価と払込資本の測定とが接する局面である。

2　新株予約権の行使時の社債による代用払込と転換社債の転換 ——払込資本の増加金額と負債の評価問題の接点

前述のように，米国の会計基準でも，分離不可能で代用払込が強制されるケースと転換社債が比較されたうえで，両者の経済的実質が同じであると考え

られて処理されている。しかし，権利行使時に増加する払込資本の大きさについては，米国の現行ルールの下では，払込形態によって異なる金額が測定されている。代用払込が行われる場合には，あらかじめ強制されているか否かにかかわらず，社債の帳簿価格が払込資本の増加金額となる。それを示しているのが，前述のAPB意見書第26号の解釈であったが，その出発点であるAPB意見書第26号「債務の早期償還」[17]および改訂版であるFASB基準書第76号「債務の償還」[18]の適用範囲には，転換社債の転換は含まれておらず，転換と償還とは明らかに区別されてきた[19]。つまり，払込資本の増加金額の測定に関する限り，転換社債の転換と早期償還とが区別されたうえで，転換を基準に，新株予約権の行使時の代用払込に関するルールが決められている。分離不可能な新株予約権付社債について，行使時に代用払込が行われる時は，転換社債の転換と同じく，権利行使にあたって損益を生じさせないという観点から，増加する払込資本の金額が現金払込の場合とは異なって測定されることが説明されたのである。

　しかし，APB意見書第26号で記述されている早期償還の方法をみると，既存資産の売却・負債性証券の発行・借り換えと並んで，持分証券の発行が挙げられていた[20]。このように，株式発行で早期償還に対応する方法が想定されているなら，転換と代用払込のケースでも償還損益を認識する余地はありそうに思われる。しかし，おそらく，そこで意味することは，株式発行によって新たに現金を調達し，それを社債の償還にあてるということであろう。持分証券の発行による早期償還といっても，債権者に直接株式を交付することとは別の問題であるとみたほうがよい。

　会計理論上，また米国の会計ルールでも，株式の発行時には損益が認識されないと考えられており，それが転換社債の転換と，新株予約権の行使の際に代用払込を行うケースの会計処理を導き出していた。しかし，転換を早期償還の一種と考えてはならない理由は何であろうか。かつて，米国では，転換社債の転換の際に株式が発行された際に，損益の発生を認める議論があった。たとえば，米国会計学会（American Accounting Association：AAA）の1957年版会計原則[21]によれば，転換社債の転換に伴う払込資本の増加金額は社債の時価になることが理想とされ，その金額と社債の帳簿価格との差額は損益として計上さ

れることになっていた[22]。ただし，この議論は，転換社債のうちの転換権（新株予約権に相当）の区分処理を前提としたものではないと思われるので[23]，ここでいう帳簿価格は，区分処理しない場合の転換社債のディスカウントあるいはプレミアムの損益配分の度合いで決められる。その一方，転換社債の時価は市場価格であり，それには新株予約権の対象となる株価の変動が反映されている。そこで，1957年版会計原則では，転換社債の時価に代えて，株価が用いられてもよいと考えられたのである[24]。

　たとえば，転換社債が額面を上回る発行価格で発行されたとすれば，発行時の処理は，転換社債が額面よりも大きい金額で認識されたうえで，額面と発行価格との差額であるプレミアムが償還までにわたって損益として計上される。それとともに，転換社債の帳簿価格は額面に近づき，償還時には簿価が額面に等しくなる。発行後，転換された場合には，転換時の帳簿価格が消去されるが，転換社債の市場価格を払込資本の増加金額として認識すると，転換社債の市場価格と帳簿価格の差額が転換損益として計上される。

　しかし，転換社債の時価を払込資本の増加金額とすることについては批判があり，このような処理が行われれば，株価の変動を織り込んだ転換社債の時価が転換損益の計算に用いられるため，利益計算に株価の変動が織り込まれることになる。確かに，現行の企業会計において，継続企業に関する株主持分が再評価されることはなく，そのため，そこから生じる損益が利益計算に含められることはない。

　米国FASBで長きにわたって議論されている負債と資本の区分に関しては，1990年に，FASB討議資料第94号「負債証券と持分証券の区別及び両方の性質をもつ証券の会計処理」[25]においてさまざまな考え方が示された。その中で，転換社債の発行に関しては，区分処理されたうえで，転換権に相当する新株予約権が権利行使時には払込資本に算入されると考えられていたが，行使されるまでは資本に含まれるとする考えと負債に含まれるとする考えとが詳しく検討された。そこでは，自社株式の価格変動による損益が計上されないことを理由に，転換社債の転換時の払込資本の増加金額が，転換社債の時価ではなく帳簿価格となることが説明されていた。しかし，転換によって生じるかもしれない損益は，株主持分の再評価の時に生じる評価損益と同じであると言えるのであ

ろうか。もし同じだとしても，転換社債の時価のうち，自社の株価の変動に起因しない部分を区別したうえで，それを払込資本とすれば，上記の問題は避けられよう。

たとえば，転換社債の時価を，社債部分の時価と転換権に相当する新株予約権の市場価格とに分けて考えてみることもできる。このうち，前者は，額面と表面利率の同じ普通社債の時価を尺度としているので，自社の株価とは無関係である。他方，転換権に相当する新株予約権の市場価格は，公正価値として計算することもできるが，転換社債の時価から普通社債の時価を差し引くことで計算される。その金額のうち，自社の株価の変動に関連しているのは，転換社債の発行時から転換時までの新株予約権の市場価格の変動分であろう。転換社債の発行時の新株予約権の市場価格は，区分処理された場合に計上される新株予約権の金額である。したがって，転換社債の時価のうち，自社の株価の変動に起因しない部分は，社債部分の時価と新株予約権の当初認識額であるので，この合計金額を払込資本とした場合，株主持分の再評価であるという批判は避けられるのである。

このように，自社の株価の変動を利益計算から除去するという立場からは，必ずしも，転換時に，転換社債の帳簿価格だけが払込資本の金額に決まるわけではないであろう。前述のように，区分処理したうえで，社債部分の時価と新株予約権の当初認識額の合計金額を，転換時の払込資本の金額とする考え方も排除されないのである[26]。ただし，それは，会計上の評価が自社の株価の変動に影響されるべきではないという立場を無条件に受容したことからいえるのであって，このような考え方自体に問題がないかをさらに考察する必要があろう。日本の新株予約権制度では，新株予約権付社債で代用払込が強制されるケースを「転換社債型」としているため，上記の議論が適用される。

第6節 ┃ おわりに

新株予約権付社債といっても，社債部分は，額面と表面利率の同じ普通社債に比べて，有利・不利な条件で取引されるわけではないはずである。米国で制

度上存在するような分離可能な新株予約権付社債か，分離不可能な新株予約権付社債か，あるいは転換社債型かで，利子費用に違いがあるとは思えない。このように考えるなら，新株予約権付社債の利子費用は，分離可能かどうか，また転換社債型かを問わずに，社債部分について普通社債と同様にとらえられることになる。新株予約権を区分処理する会計方法は，その観点から，発行価格と額面の差額であるディスカウントあるいはプレミアムを計算し，利子費用に配分しようとするものであった。分離不可能な新株予約権付社債のうち，行使時に代用払込が強制されるケースは，日本の新株予約権制度の下では，転換社債型に該当する。米国の会計制度では，前者の区分処理が認められていないのと同様に，転換社債についても，転換権に相当する新株予約権が区分されて処理されることはない。しかし，分離不可能な新株予約権付社債でも，新株予約権を区分して処理することができれば，転換社債型について，新株予約権を区分して社債部分に生じる利子費用を認識することはできよう。

　分離不可能な新株予約権付社債については，社債部分と同じ利子費用が認識されるとしても，転換社債型に関して，同じ利子費用の計算が要求されるかについては，さらに説明が必要であろう。日本の会計基準では，転換社債型という分離不可能で行使時の代用払込が強制されるケースのみが，区分処理を行わなくてもよいとされており，この点では，新株予約権の独立性というより代用払込が強制されているか否かに着目して会計基準が決められているといえる。しかし，このように利子費用の配分を決めても，新株予約権の性格が決まるわけではない。

　そこで，本章第4節では，区分された新株予約権が払込資本に算入される理由について検討した。米国FASBの概念基準書の負債と資本の定義に従うと新株予約権が資本に該当するが，そこでは，払込資本に算入する根拠を断定できなかった。続いて，ストック・オプションとして無償で付与された場合のみ，米国FASBでは，認識された新株予約権の金額を再評価しようとする考え方があったことを指摘した。この点については第4章で検討したい。

　他方で，新株予約権が行使される時には，決められた金額の現金が払い込まれるか，あるいは社債部分の引渡による代用払込が行われる。そこでは，それに応じて払込資本の増加が認識されることになる。現行の会計制度では，現

金払込か代用払込かで，認識される払込資本の増加金額は異なる。代用払込のケースでは，社債部分の帳簿価格が払込資本に振り替えられるため，現金による払込金額に一致する保証はないのである。代用払込の場合に増加する払込資本がこのように認識されるのは，株式発行時に損益が発生しないと考えられているからである。しかし，本章第5節では，払込の形式が払込資本の大きさを決めることのないよう，少なくとも現金払込と代用払込との両方が認められているときには，どちらのケースでも，あらかじめ決められた現金での払込金額を払込資本とする方法を検討した。代用払込が行われる場合には，新株予約権の行使時に社債部分が償還されて株式発行と引き換えに払い込まれるという契約が，発行時点で交わされていたと考えたのである。そこでは，償還金額がそのまま現金で払い込まれるため，債務の早期償還と同様に，社債部分の帳簿価格との差額を損益として認識することを想定することができた。

　ただし，この場合は，現金払込も認められているので，代用払込といっても，尺度となる現金払込額が設定されていた。それに対して，新株予約権付社債が発行された時点で，権利行使時の代用払込が強制される場合は，転換社債型に該当し，現金による払込金額にあたるものが存在しない。この場合には，払込資本の増加金額を社債の帳簿価格とすることも1つの方法であると考えられた。しかし，権利行使時における社債の引渡による代用払込について，それを早期償還と同じであるとみれば，償還金額ないし支払金額は，必ずしも帳簿価格に一致するわけではない。たとえば，市場での買入償還のように，社債の時価が支払金額となり，それが払込資本の増加金額を決めることもありうるのである。

　前述したように，米国の会計基準では，権利行使時の代用払込による社債部分の拠出と早期償還とが区別されて，前者のケースでは損益が認識されないことになっている。それは，転換社債の転換を償還から区別する考え方に立脚するものであった。それに対して，新株予約権の行使条件が同じなら，発行形態や行使時の払込形態が違っても，利益や資本の大きさは変わらないとみる立場もありえよう。そのような立場からは，代用払込や転換の場合に増加する払込資本を，社債の帳簿価格以外のものに決めることができたのである。

　第5節で紹介したように，かつての米国の会計原則に関する議論をみると，米国会計学会の会計原則では，転換社債の転換において，払込資本の増加金額

は転換社債の時価であるべきという主張があった。そこでは，転換時に転換社債の時価と帳簿価格との差額が損益として認識されてよいとされていた。このような処理に対して，転換社債の時価評価を通じて自社の株価の変動を損益として認識する結果になることが批判され，現行のように，転換社債の帳簿価格を払込資本とするようになったのである。そこでは，転換社債の時価が問題となったのであって，償還損益の認識が問題とされたのではない。転換社債の時価に，自社の株価の変動が含まれることが問題なら，株価変動に起因しない部分を区別して払込資本にする方法も考えられる。たとえば，区分処理された場合の社債部分の時価と，新株予約権の当初認識額には，株価変動が含まれない。この合計額だけ払込資本を増加させ，同時に社債の償還損益を計上することは，上述の批判では否定されないはずである。

　このように，転換社債の時価のうち，自社の株価の変動に関連しない部分を払込資本に含めようとする立場から，区分処理した場合に認識される新株予約権を払込資本に算入することも可能である。しかし，それによって，積極的に，新株予約権の会計上の性格が決まるわけではないであろう。本章では，払込資本を転換社債の帳簿価格で決める米国の現行基準に対して問題提起を行う一方で，株価変動を利益計算から取り除こうとする考え方はさしあたり受け入れて考察を進めてきた。

　権利行使時の代用払込や転換以外で，債務を出資に振り替える処理を見ると，デット・エクイティ・スワップが挙げられる。そこでは，債務の帳簿価格を払込資本とする考え方と，債務を時価で評価したうえで払込資本の大きさを決める考え方とがあるが，米国の会計基準では，後者のように時価評価とする考えをとっている。加えて，日米では，転換社債のうち，あらかじめ，一部あるいは全部について現金決済を伴う取得条項が付く場合がある。この点に関して，次章で検討されるが，米国の会計基準は，実際の決済の形式が株式によるか現金であるかを問わずに，通常の転換とは異なり，株式による決済が行われた時には，転換社債の時価をベースに払込資本の金額が評価されている。次章では，日本基準でも同じような考え方がとられているかについて，検討したい。

◆注

1　IASC（1995）para.23による。

2　IASC（1995）para.5による。

3　企業会計基準委員会（2006）および企業会計基準委員会（2007）による。

4　会社法第236条第1項第2号および第3号，企業会計基準委員会（2007）第41項による。

5　企業会計基準委員会（2007）第35項による。

6　ASC 470-20-25-02およびASC 470-20-05-02による。AICPA（1969）para.13およびparas.16-17による。

7　ASC 470-20-25-03による。AICPA（1969）による。

8　ASC 470-20-25-03による。AICPA（1969）para.16による。

9　ASC 470-20-05-04による。AICPA（1969）による。

10　企業会計基準委員会（2006）第36項および第112項による。

11　分離不可能な新株予約権と転換社債における転換権には，市場価格は存在しない。このようなケースでも区分処理が可能であることを示したものとして，Thomas, Ortegren and King（1990）を参照せよ。

12　IASC（1995）para.28では，複合金融商品を構成する負債証券と持分証券のうち，比較的測定が困難な部分には，容易に測定が可能な部分の金額を複合金融商品の発行価格から控除した金額をあてはめる方法と，負債証券と持分証券の公正価値の比率に応じて，複合金融商品の発行価格を按分する方法とが紹介されていた。完備された市場を前提とすればどちらの方法でも違いはないが，株式コール・オプションが分離可能か否かといった条件が公正価値の算定に影響を与える可能性はある。

13　FASB（1985a）para.35による。

14　IASC（1995）para.5およびpara.20による。

15　IASC（1995）para.5による。

16　AICPA（1973）による。

17　AICPA（1972b）による。

18　FASB（1983）による。

19　AICPA（1972b）para.2, para.3 and para.11を見よ。さらに，FASB（1983）paras. 1-2を見よ。

20　AICPA（1972b）para.4による。

21　AAA（1957）による。

22　AAA（1957）p.542では，資本に関する記述に先立って，利益概念に関する検討が行われているが，株式発行時に発生する損益の性質については言及されていない。おそらく，償還損益とみているものと思われる。

23　かつて，AICPA（1966）paras.8-9により，転換社債の区分処理が規定されていたことがあったが，それは1966年からわずか1年のことであった。したがって，

1957年版会計原則では区分処理が前提とされていないものと思われる。

24　AAA（1957）p.542による。

25　FASB（1990）による。

26　Hendriksen（1982）pp.475-476では，転換による払込資本の増加金額について，区分処理せずに転換社債の帳簿価格とする考え方と，区分処理をして転換権を払込資本に算入したうえで社債部分の時価をする考え方が紹介されている。ここでは，区分処理に限って，転換時の払込資本の増加金額が社債部分の時価に等しくなるとしている。

取得条項付転換社債型新株予約権付社債の会計問題──一部現金決済の可能性のある取得と消却

第1節 はじめに

　新株予約権制度に関しては，2006年5月施行の会社法により，取得条項付の新株予約権付社債の発行が可能となった[1]。それによれば，発行企業は，発行済みの新株予約権付社債の取得事由や交付財産を自由に選択できる一方で，社債の発行要領を決定するときに，取得に関する条件を定めなければならない。特に，取得時に選択される交付財産と取得の対価を明示することで，新株予約権付社債権者を保護することになるとされている。

　会社法の施行後間もない2006年には，日本郵船や凸版印刷などが，取得条項付の転換社債型新株予約権付社債を発行した[2]。以後現在まで，転換社債型新株予約権付社債の発行時には，発行要領の中で，取得条項が付けられることが主流になっている。なぜ取得条項付での発行が主流となったのであろうか。

　新株予約権の行使は，基本的に新株予約権者の意思により行われるので，発行会社が行使や償還を強制することはできない。そこで，新株予約権付社債の発行要領において，発行会社による取得に関する条件を定めておくことで，発行会社の意思による取得が可能となる。その結果，取得条項に基づいて発行会社の意思による取得が行われることで，実質的に，行使・償還が発行会社の意

思により行われることとなる[3]。取得条項とは，あらかじめ，発行要領の中で，発行会社が社債権者に対して，取得条件を満たせば，発行会社の意思により取得が行われる可能性があることを述べたうえで，取得時に交付される財産が現金であるか，自社の株式であるか，あるいはその両方かについての選択肢を規定するものである。

　日本では，新株予約権付社債の発行は，ほとんどすべてが転換社債型であり，前述のように，取得条項が付いているものが多い。本章では，転換社債型新株予約権付社債の発行事例から，取得条項の内容を確認し，条項に従って取得と消却が行われる場合の会計問題について考察することで，利益計算と払込資本の大きさを規定する会計ルールを確かめていく。その際，転換や償還との違いに留意したい。

　なお，転換社債型新株予約権付社債の発行時の会計処理について，日本の会計基準では，一括法と区分法の選択適用となっている[4]。本章では，転換社債型に関して，取得条項の付いた取得と消却を検討する際，最初は一括法を前提に考察し，その後区分法を考察する。日本基準をベースに考察したのちには，米国の会計基準と国際会計基準での考え方も検討する。

第2節　日本の転換社債型新株予約権付社債の発行事例にみる取得条項の内容

　本節では，日本企業による転換社債の実際の発行事例における取得条項から，取得と消却に関する記述をみたうえで，会計処理を理論的に考察していきたい[5]。

1　転換社債型新株予約権付社債の取得条件と取得の対価

　転換社債型新株予約権付社債の発行要領をみると，多くの日本企業が取得条項を設定している。一般的に定められているのは，取得条件，取得の対価，および期限である。取得条件とは，いったん発行した転換社債を企業が取得する際の条件である。一般的には，自社の株式の時価（株価）が転換価格を上回ることが，取得条件とされている。このような場合，転換社債の保有者は，転換

して株式を取得するほうが経済的に得な状況であるので，転換が選択されやすいはずである。その状況で，発行企業は，転換されていない転換社債を取得することになる。逆に，株価が転換価格以下の場合も，取得条項において，取得条件として，別途定められることがある。

次に，取得の対価については，ほとんどの取得条項において，現金と自社の株式の両方により取得される予定とされている。では，取得金額は，どのように計算されるのであろうか。取得金額は，取得条項で示される「転換価値」を意味する。「転換価値」とは，転換を想定した場合に発行される株式数に，取得時の株価を乗じた金額である。つまり，転換社債の取得金額は，取得時の株式の時価に基づいて計算され，それに相当する現金と自社の株式の両方が取得の対価とされるケースが多い。

なお，ほとんどの取得条項では，発行企業により，「転換社債を取得した場合には，同時に消却する」旨が明記されている。

次に，取得条件のうちで一般的である，株価が転換価格を上回る場合の取得条項について具体的にみてみよう。この条項は，「額面現金決済型」とよばれている。

2　株価が転換価格を上回る場合の取得条項──額面現金決済型

前述のように，株価が転換価格を上回る場合，転換がされやすい状況である。転換と同時にキャピタルゲインを得るために，転換社債の保有者が，転換した株式を売却すると，売却金額は，転換価値に等しくなるが，これが発行企業の取得金額に相当する。

株価が転換価格を上回る場合の取得条項は，「額面現金決済型」とよばれているが，具体的には，取得通知の直前の最終取引日の普通株式の株価が転換価格を上回るときを取得条件とし，交付財産が現金と自社の株式の両方である。額面現金決済型の取得条項によれば，取得の際の交付財産は，（ⅰ）額面金額の100％に相当する金額及び，（ⅱ）転換した場合に発行されるであろう株式の時価総額（転換価値に相当）から社債の額面金額相当額を差し引いた額を株価の平均値で除して得られる数の自社の株式であると述べられている。また，取

得した転換社債をただちに消却するものとしている。

　したがって，現金と自社の株式の両方により取得される予定である場合，取得金額の計算は株式の時価に基づいて行われ，その取得金額のうち，社債部分の取得に現金が額面金額で充てられることになり，取得金額である転換価値が額面金額を上回る部分が自社の株式で交付されることにより，新株予約権部分の取得に相当すると考えるのである。

　くり返しになるが，株価が転換価格を上回る場合には，転換社債の保有者は転換を行いやすい。それにもかかわらず転換が行われない場合，取得条項により，発行企業は，転換に相当する取得を行うことができるのである。しかし，転換に相当する取得は，本来，取得の対価がすべて自社の株式によらなければならないと思われるが，日本企業の実際の取得条項の多くは，現金と自社の株式の両方によるものとして設定されている。

3　株価が転換価格以下の場合の条項——ソフトマンダトリー条項

　いくつかの企業では，株価が転換価格以下の場合での取得に関する条項が規定されており，その条項は，「ソフトマンダトリー条項」とよばれている。前述の額面現金決済型の取得条項は，株価が転換価格を上回る場合に限定されるが，ソフトマンダトリー条項は，逆のケースの条項である。このソフトマンダトリー条項は，取得条項を規定するすべての企業によって設定されるわけではない。企業によっては，株価が転換価格以下の場合には，取得に関する条項を設定しないこともありうる。しかし，最近では，額面現金決済型の取得条項を設定せず，ソフトマンダトリー条項のみを設定する企業も存在する。

　第1章の**図表1-3**において，帝人株式会社が発行した転換社債型新株予約権付社債の発行要領を紹介したが，そこでは，上記の額面現金決済型の取得条項とソフトマンダトリー条項の両方が設定されている。そこで，**図表3-1**では，**図表1-3**の発行要領の続きとして，額面現金決済型の取得条項とソフトマンダトリー条項の両方を示した。

　ソフトマンダトリー条項をみると，取得条件は，取得通知の直前の最終取引日の普通株式の株価が転換価格以下のときであり，交付財産は，現金と自社の

第3章　取得条項付転換社債型新株予約権付社債の会計問題　*43*

株式の両方であることがほとんどである。**図表3-1**で示された帝人の取得条項もこのケースに該当する。株価が転換価格以下である場合，転換社債の保有者は通常転換を行わない。条項では，発行企業による転換社債の取得の際の交付財産は，（ⅰ）転換した場合に発行されるであろう数の自社の株式および（ⅱ）社債の額面金額相当額から（ⅰ）の株式数に株価の平均値を乗じて得られる額を差し引いた額に相当する現金であると規定されている。（**図表3-1**における（5）の（ロ）に該当し，「交付財産B」のことである）

図表3-1 帝人株式会社による転換社債型新株予約権付社債の発行要領における取得条項──額面現金決済型取得条項とソフトマンダトリー条項
（図表1-3の続き）

7．社債に関する事項

　　＜途中省略＞

（5）当社による新株予約権付社債の取得

　　　当社は，その選択により，2021年7月26日以降，当社の株式が東京証券取引所に上場されていることを条件として，受託会社及び（受託会社が下記（10）記載の主支払・新株予約権行使請求受付代理人でない場合は）主支払・新株予約権行使請求受付代理人並びに本新株予約権付社債権者に対する通知（かかる通知は撤回することができない。以下「取得通知」という。）を行うことにより，会社法第275条第1項に基づき，取得期日（以下に定義する。）現在残存する本新株予約権付社債の全部（一部は不可）を取得することができる。

　　　「取得期日」とは取得通知に定められた取得の期日をいい，取得通知の日から60日以上75日以内の日とする。ただし，B型取得の場合には，債務不履行事由（下記（7）に定義する。以下同じ。）が生じている場合は，本（5）による本新株予約権付社債の取得はできないものとする。

（イ）取得通知の日の直前の取引日における当社普通株式の終値が当該取引日において適用のある転換価額を上回る場合，当社は，取得期日に当該本新株予約権付社債の全部を取得し，これと引き換えに本新株予約権付社債権者に対して交付財産A（以下に定義する。）を交付する（以下，本（イ）に基づく本新株予約権付社債の取得を「A型取得」という。）。

（ロ）取得通知の日の直前の取引日における当社普通株式の終値が当該取

引日において適用のある転換価額以下である場合，当社は，取得期日に当該本新株予約権付社債の全部を取得し，これと引き換えに本新株予約権付社債権者に対して交付財産Ｂ（以下に定義する。）を交付する（以下，本（ロ）に基づく本新株予約権付社債の取得を「Ｂ型取得」という。）。但し，取得通知の日以降取得期日までに，本新株予約権付社債の要項で定める債務不履行事由が生じた場合には，取得期日に取得が完了していない限り，取得通知は自動的に無効となり，下記（7）を適用する。

当社は，本（5）により本新株予約権付社債を取得した際に，当該本新株予約権付社債を消却する。

「交付財産Ａ」とは，各本新株予約権付社債につき，(i) 本社債の額面金額の100％に相当する金額の現金，及び (ii) 転換価値（以下に定義する。以下同じ。）から本社債の額面金額の100％に相当する金額を差し引いた額（正の数値である場合に限る。）を1株当たり平均VWAP（以下に定義する。以下同じ。）で除して得られる数の当社普通株式（但し，1株未満の端数は切り捨て，現金による調整は行わない。）をいう。

「交付財産Ｂ」とは，各本新株予約権付社債につき，(i) 本社債の額面金額の100％に相当する金額を最終日転換価額（以下に定義する。以下同じ。）で除して得られる数の当社普通株式（但し，1株未満の端数は切り捨て，現金による調整は行わない。），及び (ii) 本社債の額面金額の100％に相当する金額から，(i) に係る当社普通株式の株式数に1株当たり平均VWAPを乗じて得られる額を差し引いた額（正の数値である場合に限る。）に相当する金額の現金をいう。

「1株当たり平均VWAP」とは，当社が取得通知をした日の翌日から起算して5取引日目の日に始まる20連続取引日（以下「関係VWAP期間」という。）に含まれる各取引日において株式会社東京証券取引所が発表する当社普通株式の1株当たりの売買高加重平均価格の平均値をいう。当該関係VWAP期間中に上記6（4）（ハ）記載の転換価額の調整が発生した場合その他本新株予約権付社債の要項に定める一定の事由が生じた場合には，1株当たり平均VWAPも適宜調整される。

当社が上記（4）（ハ）若しくは（ホ）に基づき繰上償還の通知を行う義務が発生した場合又は上記（4）（ニ）(i) 乃至 (iv) に規定される事由が発生した場合は，以後本（5）に基づく取得通知はできなくなる。

「転換価値」とは，次の算式により算出される数値をいう。

$$\frac{各本社債の額面金額}{最終日転換価額} \times 1株当たり平均VWAP$$

「最終日転換価額」とは，関係VWAP期間の最終日において適用のある転換価額をいう。

※筆者注：下線部は筆者による。（イ）については額面現金決済型取得条項の条件であり，交付財産Aもそれを反映している。（ロ）についてはソフトマンダトリー条項の条件であり，交付財産Bもそれを反映している。

　ソフトマンダトリー条項に従って，自社の株式と現金の両方により転換社債が取得される予定であり，実際に取得が行われる場合，取得金額はどのように計算されるのであろうか。取得金額は，額面現金決済型の取得条項の場合と同様に，転換を仮定した場合に発行される自社の株式の時価に相当する転換価値であるが，ソフトマンダトリー条項では，株価が転換価格以下である場合の条項なので，この転換価値は，転換社債の額面金額に達していないと考えられる。したがって，このような転換価値が額面金額を下回る分を，発行企業が取得する際には，自社の株式に追加して現金で支払うことになる。

　前述のように，株価が転換価格以下である場合，転換が行われることはほとんど考えられない。もし，この状況下での取得に関する条項がない場合，転換社債の保有者は，転換が想定されず，償還日を待たなければならない。したがって，額面現金決済型の取得条項の性質とは大きく異なると言える。その意味で，ソフトマンダトリー条項のもと，発行企業による転換社債の取得が自社の株式を対価として行われても，株価が転換価格を上回るときに行われる「転換」とは，同質であるとはいえないと思われる。

4　取得の対価と取得条項の内容の分類

　上でみたように，転換社債の実際の発行事例にみられる取得条項の多くにおいて，取得の対価は現金と自社の株式の両方である。しかし，取得の対価は，理論的には，現金の場合，自社の株式の場合，そして現金と自社の株式の両方の場合というように3つのケースに分けて考えることが可能であり，転換社債に関する日本の会計基準においても，そのような分類に基づいて規定されてい

46

る[6]。

　たとえば，現金による取得を行い消却したケースは，繰上償還に相当し，自社の株式による取得を行い消却したケースは，転換に相当するように思える。次節以降では，発行した転換社債を取得し消却する場合の会計処理を考える際に，この類似性が存在するのかについて考察したい。しかし，前述したように，株価が転換価格以下である場合のソフトマンダトリー条項に基づく取得・消却は，転換とは区別されると思われる。そこで，転換との類似性を考察する際，株価が転換価格を上回るケースに限定して考えたい。現金による取得と自社の株式による取得について考察した後には，現金と自社の株式の両方を取得の対価とする場合について検討する。

　また，転換社債の発行時に示される取得条項のほとんどは，取得と同時に消却することとされている。しかし，本章では，最初に，取得と消却を分けて考えるので，転換社債の発行時点で取得と同時に消却することが明らかにされていないケースについても考察する。

第3節 ┃ 取得の対価が現金の場合
──繰上償還と比較して

　はじめに，取得の対価が現金である場合の取得と消却を考える[7]。社債の取得と消却の会計では，取得段階では，自己株式と同様に自己社債の取得として処理され，負債である転換社債は消去されない。取得後に消却されて初めて，転換社債が消去されるため，消却時点で繰上償還に相当する処理が行われるはずである。そこで，取得時には自己社債の取得金額を計算するが，消却時に消去されるのは，転換社債の帳簿価格であるため，両者が異なる場合には差額が生じることになる。

　たとえば，額面現金決済型の取得条項に従って，発行企業が，発行済みの転換社債（額面総額が1,000,000,000円）を，取得条項に基づいて1,000,000,000円で取得し，直後に消却したとする。なお，転換社債の発行時には，プレミアム付きで発行されており，消却時の転換社債の帳簿価格が額面と等しくない場合を想定する。

転換社債の発行時の会計処理は，日本では，新株予約権と社債部分とに区分される区分法と一括法の選択適用である[8]。日本の実務では一括法の適用が主流であるため，一括法を中心に考えてみたい。

1 取得時の会計処理

転換社債の取得時には，自己社債を取得金額で計上する。一括法では，自己転換社債となるが，同じ自己社債として扱われる。

区分法で処理した場合には，取得金額を発行時の社債部分と新株予約権の金額に割り当てたうえで，自己社債の取得と自己新株予約権の取得を処理する。

取得の段階では，負債としての転換社債は残っている。なお，区分法の場合も，社債部分が負債に残り，新株予約権が純資産の部に残る。

2 消却時の会計処理
——取得と同時に消却することが明らかではないケース

社債については，取得に続いて消却が行われた時点で繰上償還が行われたとみなすことができる。そこでは，負債としての転換社債が消去されるとともに，自己転換社債が消去される。

一括法の場合，取得時点は，転換社債は負債として帳簿価格で計上されており，自己転換社債は取得金額で計上されている。消却時点で両者が消去される際に差額が生じていれば，損益が計上される。つまり，消却に伴う損益が計上されるが，この消却が繰上償還と同一であるとみるなら，償還損益と同じものであるとみなすことになる。

区分法の場合も，消却時に，負債としての社債部分と純資産である新株予約権の両方が消去される。その際，社債部分の簿価と自己社債の取得金額の差額だけではなく，新株予約権の簿価と自己新株予約権の取得金額の差額も，消却に伴う損益として計上される。消却時点で，負債としての社債部分が消去されるので，繰上償還と同様に処理されるとみてよい。自己新株予約権は，消却されてはじめて，新株予約権とともに消去される。

3 取得と同時に消却することが事前に明らかであるケース

前述のように，転換社債の発行要領における取得条項では，転換社債を取得と同時に消却するように定められていることがほとんどである。取得と同時に消却することが取得条項に規定されているのであれば，転換社債の発行時にそのことが事前に明らかであるということである。ここでは，取得時と消却時のそれぞれの会計処理を合算することにより，「取得と同時に消却される場合の会計処理」が示されると考えられる。社債の消却は，結果的に繰上償還と同じ処理であるので，取得と同時に消却を行った場合にも，同様に，繰上償還と同一とみなせる[9]。

つまり，一括法では，取得時に転換社債の取得金額で計上しても，消却時には自己転換社債を消去することにより，自己転換社債が相殺されることになる。その結果，負債としての転換の帳簿価格が消去される際，自己転換社債の取得金額との差額が，償還（消却）損益として計上される。

前述の設例において，転換社債が額面を超える発行価格，すなわちプレミアム付きで発行されたとし，取得と同時に消却を行った時点の転換社債の帳簿価格が1,040,000,000円であるとする。一括法で処理した場合，額面現金決済型で見られるように，取得金額が額面総額に等しい1,000,000,000円であるなら，以下のように処理される。

（一括法） 転換社債　　1,040,000,000 ／ 現金　　　　　1,000,000,000
償還（消却）益　40,000,000

区分法では，取得時の自己社債の取得金額での計上は，消却時の自己社債の消去により，相殺される。また，取得時の自己新株予約権の計上も，消却時の自己新株予約権の消去により相殺される。その結果，負債としての社債部分の帳簿価格と新株予約権の帳簿価格がともに消去されるが，自己社債の取得金額と社債部分の帳簿価格の差額，そして自己新株予約権の取得金額と新株予約権の帳簿価格の差額が償還（消却）損益として計上される。前述の設例において，額面総額を超える金額である1,100,000,000円で発行された転換社債を区分処理した場合に，社債部分が額面総額に等しい1,000,000,000円として割り当てられ，

新株予約権が100,000,000円として割り当てられたとする。取得と同時に消却する場合，取得金額が額面に等しい1,000,000,000円であるとすると，区分法では以下のように処理される。

（区分法） 社債　　　　　1,000,000,000　／　現金　　　　　　　1,000,000,000
　　　　　　新株予約権　　100,000,000　／　償還（消却）益　100,000,000

　この設例では，区分法の場合，自己社債の取得金額と社債部分の帳簿価格が等しいゆえ，両者に差額はない。他方，自己新株予約権の取得金額と新株予約権の帳簿価格の差額が償還（消却）損益として計上される。このように，転換社債の発行時に，一括法と区分法のいずれの方法で処理するかで，社債の帳簿価格が異なるので，取得と消却を同時に行った場合の償還（消却）損益も異なるのである。

第4節 ｜ 取得の対価が自社の株式の場合
——転換と比較して

　次に，取得の対価が自社の株式である場合を考えてみたい[10]。取得の対価が現金である場合を参考に，取得と消却の処理を考えるが，株式の発行と引き換えに転換社債を取得・消却することは，転換と同様とみてよいのであろうか。

　転換とは，転換社債の保有者の意思により，発行時に定められた転換条件に基づいて転換請求が行われるものであるので，発行企業の意思による取得・消却とは異なるものと考えられるであろう。第2章第5節でみたように，転換の際，転換社債と引き換えに，自社の株式が発行されるため，転換時は，払込資本が増加するとともに，負債としての転換社債の帳簿価格は消去されるが，会計基準上，払込資本の増加金額と消去される転換社債の帳簿価格とは等しいとされる。なぜなら，払込資本の増加時に損益は計上されないからである。このように，転換時には，自社の株式が発行されるが，払込資本の増加金額は株式の時価ではなく，転換社債の帳簿価格である[11]。

　それに対して，取得条項に基づいて自社の株式を対価として転換社債が取得・消却が行われる場合はどうであろうか。たとえば，前節と同じように，額

面総額が1,000,000,000円の転換社債を，取得条項に基づいて，当該転換社債に付された新株予約権の目的である自社の株式を交付することによって取得したものとする。その際，取得金額は，自社の株式を交付したときの株価に，交付した株式数を乗じた金額であると考えられる[12]。つまり，ここでは，払込資本の増加金額は株式の時価をベースにするため，転換社債の帳簿価格に等しいとは限らないのである。なお，前述のように，転換の場合には，払込資本の増加金額は，会計基準上，株式の時価をベースにするのではなく，転換社債の帳簿価格である。その際，払込資本の増加を認識すると同時に，負債としての転換社債は消去される。

　もし，取得と消却が同時に行われるなら，転換と同様に，負債としての転換社債の消去と払込資本の増加が同時であるといえるかもしれない。しかし，本章では，まず，取得と消却とを分けて考察し，転換との違いにも考慮する。

1　取得時の会計処理

　前述のように，現金により転換社債を取得する場合，自己転換社債の計上について，現金支払による取得金額で処理していた。それに対して，自社株式による取得の場合には，自己転換社債の取得金額は，交付される株式の時価になるであろう。また，株式発行なので払込資本が増加する。さらに，払込資本の増加金額は株式の時価に等しく，自己社債の取得金額にも等しい。ただ，負債としての転換社債は，消却されるまでは消去されないことになる。

　以上より，一括法の場合，取得時は自己転換社債の取得が認識され，その金額は，払込資本の増加金額に等しい。

　区分法の場合，自己社債の取得と自己新株予約権の取得が認識されるが，両者の取得金額の合計は，交付される株式の時価に等しく，それは払込資本の増加金額にも等しい。なお，取得金額の合計は，区分法の場合，自己社債と自己新株予約権に割り当てられて認識される形となる。

　したがって，一括法も区分法も，払込資本の増加金額は，取得時に交付される株式の時価に等しい。

2 消却時の会計処理
——取得と同時に消却することが明らかではないケース

　発行済みの転換社債が取得後に消却された場合，その時点で，負債としての転換社債が消去される。一括法の場合，転換社債の帳簿価格が消去され，取得金額で計上された自己転換社債も消去される。取得金額は取得時に発行した自社株式の時価に等しいが，消却時点における転換社債の帳簿価格に等しいとは限らないため，差額が生じることがある。その差額は，消却損益として計上される。

　区分法の場合は，社債部分の帳簿価格と新株予約権が消去され，自己社債と自己新株予約権の取得金額も消去される。前述のように，自己社債と自己新株予約権の取得金額の合計は，取得時に発行された自社株式の時価に等しいが，この金額は，消却時点における社債部分の帳簿価格と新株予約権の合計に等しいとは限らないので，一括法の場合と同様に，差額が生じることがある。この差額も，消却損益として計上される。

　区分法の場合に消去される社債部分の帳簿価格と新株予約権の合計金額は，一括法の場合に消去される転換社債の帳簿価格に一致しない。他方，自社の株式による取得金額は，一括法であれ，区分法であれ，同じ金額であるので，自己転換社債の計上金額は，区分法での自己社債と自己新株予約権の計上金額の合計に等しい。したがって，一括法と区分法とでは，帳簿価格が異なる分，計上される消却損益が異なるのである。しかし，いずれにせよ，取得と消却を分けて処理すると，払込資本の増加時に損益は発生しない。払込資本は，消却に先立つ取得時に増加し，その増加金額は，発行した株式の時価であった。

　それに対して，転換の場合はどうであろうか。転換では，株式が発行される時，つまり払込資本が増加する時と，社債が消去される時が，同時である。つまり，払込資本が増加する取得時と社債が消去される消却時とが同時であるケースが，転換であるともいえる。前章で述べたように，転換の場合には，会計基準上，払込資本の増加金額は，発行した株式の時価ではなく，転換社債の帳簿価格に等しいと考えられている[13]。このような場合，払込資本が増加すると同時に，損益は計上されない[14]。ここで，日本の転換社債の発行時の取得条

項で多くみられる「取得と同時に消却する場合」と転換とは同じものと考えられるのであろうか。

以上の議論は，実際の取得条項でみられたように，株価が転換価格を上回るケースを想定していた[15]。このケースでは，転換社債の保有者は転換を選択しやすい状況であるので，自社の株式による取得・消却と転換との共通点や相違点を議論することができる。しかし，ソフトマンダトリー条項のように，株価が転換価格以下の場合の条項に従って取得・消却が行われるなら，転換社債の保有者が転換を選択することがあり得ない状況であるという意味では，転換における状況とは全く異なる[16]。このように，経済的な実質が転換とは異なる場合には，あらかじめ取得と消却を同時に行うことが明らかであっても，取得と消却を区分して考えることになる。すなわち，払込資本の増加金額は取得時に発行される自社株式の時価に等しくなる。

以下では，取得と同時に消却することが事前に明らかであるケースについて，株価が転換価格を上回る場合とそうではない場合とに分けて考えてみよう。

3　取得と同時に消却することが事前に明らかであるケース
　　──払込資本の測定

現金による取得・消却と同様に，自社株式による取得・消却の場合も，「取得と同時に消却される場合の処理」は，上記のような取得と消却のそれぞれの処理を合算することにより示されると思われる。取得と消却を通じて，自己転換社債の取得金額が消却時には消去されるので，相殺されることになる。その際，払込資本の増加金額は取得時に発行された株式の時価に等しいので，転換社債の帳簿価格との差額が消却損益として計上される。取得と消却が同時に行われる場合には，払込資本が増加すると同時に，消却損益が発生する。本章第3節の設例では，転換社債の帳簿価格を1,040,000,000円とした。発行した自社の株式の時価が1,080,000,000円であるとすると，自社の株式による取得と消却が同時に行われる場合には，一括法では以下のように処理される。

第3章　取得条項付転換社債型新株予約権付社債の会計問題　*53*

（一括法） 転換社債　　　1,040,000,000 ／ 払込資本　　　1,080,000,000
　　　　　　消却損　　　　　40,000,000 ／

　区分法においても，自社の株式による取得と消却が同時に行われる場合，前節の設例では，社債部分の発行価格が1,000,000,000円，新株予約権の発行価格が100,000,000円として割り当てられるとされたので，同様に処理できる。

（区分法） 社債　　　　1,000,000,000 ／ 払込資本　　　1,080,000,000
　　　　　　新株予約権　　100,000,000 ／ 消却益　　　　　20,000,000

　しかし，この点について，日本の会計基準によれば，転換社債の発行時に，取得条項において，「発行企業が転換社債の取得時に同時に消却する」ことがあらかじめ示されており，かつ，その取得条項に基づき取得と同時に消却が行われた場合，転換に準じて処理を行うと規定されている[17]。つまり，払込資本の増加金額を，転換社債の取得金額に相当する自社の株式の時価1,080,000,000円ではなく，転換社債の帳簿価格1,040,000,000円とするというのである。

　取得と同時に消却することが，転換社債の発行要領であらかじめ示されている場合，取得と消却に関するそれぞれの仕訳を合算するだけではなく，転換が行われたことと実質的に同じであるとみなし，払込資本の増加金額が転換社債の帳簿価格1,040,000,000円に等しくなければならないとしているのである。一括法では以下のようになる。

（一括法） 転換社債　　　1,040,000,000 ／ 払込資本　　　1,040,000,000

　区分法でも，日本の会計基準に従うと，発行要領であらかじめ取得と同時に消却されることが示されたうえで，取得と消却が同時に行われた場合，転換と同じように処理されるため，以下のように処理される。

（区分法） 社債　　　　1,000,000,000 ／ 払込資本　　　1,100,000,000
　　　　　　新株予約権　　100,000,000 ／

　上記の処理は，発行要領における取得条項において，「取得と同時に消却すること」が示されたうえで取得と消却が同時に行われる場合であり，株価が転

換価格を上回る場合という条件が付けられるときに限定される。なぜなら，転換が選択される場合と同じ状況であるからである。それ以外の場合は，取得と消却が同時ではないので，両者を分けて処理すると考えるか[18]，同時であってもソフトマンダトリー条項のように株価が転換価格以下である場合の取得と消却は，転換とは経済的実質が異なるとみるので[19]，取得時に認識される払込資本の増加金額が，発行した自社の株式の時価に等しいと考えられる[20]。このように，取得と消却が同時に行われるケースと転換との共通点および相違点からみて，以上の考え方は一貫しているものと思われる。

　次に，日本企業による転換社債の発行要領において，ほとんどの取得条項で定められている「取得の対価が現金と自社の株式の両方による場合」においても，この考え方が貫かれているのかを確認していきたい。

第5節 取得の対価が現金と自社の株式の両方の場合

　すでにみたように，実際の取得条項の多くは，取得の対価が，現金の支払の部分と自社の株式の部分の両方になるように規定されている。取得・消却に関する会計処理はどのように考えられるのであろうか。

　まず，取得時には自己転換社債の取得に関して処理するが，取得金額は，現金の支払金額と発行される株式の時価の合計であると考えられる[21]。ほとんどの取得条項では，取得の対価が現金と自社の株式の両方であり，株価が転換価格を上回る場合に限定した額面現金決済型の取得条項である。取得の対価が現金と自社の株式の両方である場合，額面現金決済型の取得条項は，転換社債の取得金額について，転換されたら発行されるであろう株式の時価総額に基づいて計算したうえで，そのうち，額面に等しい金額を現金で支払い，取得金額が額面を上回る分については，自社の株式によって支払われる形となる。実際の取得条項付転換社債の発行事例の多くは，額面での発行かプレミアムの付いた発行であるが，引き続きプレミアムの付いた発行を例とする。

第3章　取得条項付転換社債型新株予約権付社債の会計問題　*55*

> **（数値例）** 額面1,000,000,000円の転換社債を，取得条項に基づいて，現金と自社
> の株式の両方を対価として取得するものとする。取得の際，対価として現金
> 1,000,000,000円と自社の株式（時価にして80,000,000円）を交付した。このと
> きの転換社債の帳簿価格が1,040,000,000円であるものとする。なお，区分法の
> 場合は，社債部分1,000,000,000円と新株予約権部分100,000,000円に分けられる
> ものとする（発行価格は1,100,000,000円とする）。

1　取得時の会計処理

　数値例では，現金支払額1,000,000,000円と株式の時価80,000,000円が明示され
ているので，自己転換社債の取得金額をその合計1,080,000,000円として，取得
の処理が可能である。なお，区分法の場合は，取得金額1,080,000,000円を，自
己社債と自己新株予約権とに割り当てる。

　株式の時価80,000,000円については，払込資本の増加金額として認識するこ
とになる。

2　消却時の会計処理
――取得と同時に消却することが明らかではないケース

　消却時には，一括法の場合，負債としての転換社債の帳簿価格1,040,000,000
円が消去され，取得時に計上された自己転換社債1,080,000,000円が消去される。
両者に差額が生じた場合，消却損益が計上される[22]。この数値例では，消却損
40,000,000円が生じる。

　なお，区分法の場合は，負債としての社債部分の帳簿価格と純資産に計上さ
れた新株予約権が消去され，取得時に計上された自己社債と自己新株予約権の
取得金額（その合計は，一括法の自己転換社債の取得金額1,080,000,000円に等しい）
も消去される。社債部分の帳簿価格1,000,000,000円と新株予約権100,000,000円
の合計金額1,100,000,000円は，自己転換社債の取得金額1,080,000,000円に等し
くないので，消却益20,000,000円が計上される。

　このように，一括法では，負債としての転換社債の帳簿価格は1,040,000,000

円であり，区分法では，社債部分の帳簿価格1,000,000,000円と新株予約権に割り当てられた金額100,000,000円の合計が1,100,000,000円となるので，消却損益の金額は，一括法を採用するか区分法を採用するかで異なる。

3　取得と同時に消却することが事前に明らかであるケース ──払込資本の測定

　もし，取得と同時に消却することが事前に明らかである場合には，上記の取得と消却のそれぞれの処理を合算するので，現金の額面金額分の支払1,000,000,000円を認識し，発行した株式の時価80,000,000円を払込資本の増加として認識したうえで，負債としての転換社債の帳簿価格1,040,000,000円を消去することになる。区分法の場合は，負債としての社債部分1,000,000,000円と純資産に計上された新株予約権100,000,000円が消去される。前述したように，取得・消却時において，区分法における社債部分の帳簿価格と新株予約権の合計は，一括法での転換社債の帳簿価格と等しいとは限らないので，取得と消却が同時に行われた時の損益として計上される金額は異なる。また，取得と消却が同時に行われるため，取得時の払込資本の増加と消却時の損益の発生が同時となる。

　以上より，取得と消却が同時に行われた場合の一括法と区分法の処理は以下のようになる。

（一括法）	転換社債	1,040,000,000	現金	1,000,000,000
	消却損	40,000,000	払込資本	80,000,000
（区分法）	社債	1,000,000,000	現金	1,000,000,000
	新株予約権	100,000,000	払込資本	80,000,000
			消却益	20,000,000

　現金と自社の株式の両方を対価とする場合にも，取得金額は自社の株式の発行数に基づき算定された時価を反映しており，第2節で述べたように，正確には転換価値に相当する金額に等しいはずである。前述のように，転換価値とは，

転換を仮定した場合に発行する株式数に取得・消却時の株価を乗じた金額である。この点は，**図表3-1**における（5）の（イ）に該当し，「交付財産Ａ」のことである。しかし，日本の会計基準では，転換社債の発行要領における取得条項に，「取得金額が，転換社債型新株予約権付社債に付された新株予約権の目的である自社の株式の数に基づいて算定された時価であること」，「現金の交付がすべて社債部分の取得に充てられ，自社の株式の交付がすべて新株予約権の取得に充てられること」，そして「取得と同時に消却すること」が示されている限り，取得と消却を同時に行った場合，転換と同じようにみなすとされている[23]。すなわち，日本の会計基準では，このケースに限り，発行した株式の時価を無視し，転換社債の帳簿価格に基づいて処理するので，払込資本の増加時に損益が発生しないことになる。

　現金と自社株式の両方により取得が行われ，ただちに消却が行われた場合，日本の会計基準に従って払込資本の増加金額を，転換社債の帳簿価格に基づいて処理すると，どのようになるのであろうか。まず，一括法の場合は，負債としての転換社債の帳簿価格1,040,000,000円を消去するが，現金の支払金額が1,000,000,000円であると決まっているので，差額が40,000,000円となり，これを払込資本の金額とする。すると，損益は一切生じない。数値例では，発行される株式の時価が80,000,000円であると示されたが，この数値を無視するのである[24]。

| **（一括法）** 転換社債 | 1,040,000,000 | 現金 | 1,000,000,000 |
| | | 払込資本 | 40,000,000 |

　区分法の場合は，社債部分の帳簿価格1,000,000,000円と純資産に計上された新株予約権100,000,000円を消去するが，現金の支払額1,000,000,000円との差額が100,000,000円となり，これが払込資本の金額となる。すると，損益が生じない。やはり，数値例での株式の時価80,000,000円を考慮しないのである。

| **（区分法）** 社債 | 1,000,000,000 | 現金 | 1,000,000,000 |
| 新株予約権 | 100,000,000 | 払込資本 | 100,000,000 |

　以上より，取得と同時に消却することが事前に明らかである場合に取得・消

却が同時に行われた時には，転換社債の帳簿価格に基づいて，払込資本の増加金額を算定することにより，日本の会計基準では，転換と同じようにみなすとされている。したがって，実際に交付された株式の時価は一切考慮されない。また，払込資本の増加金額は，一括法では転換社債の帳簿価格に基づいて計算され，区分法ではそれとは異なる社債部分の帳簿価格と新株予約権部分の計上金額の合計に基づいて計算されるので，転換と同様に，両方法での払込資本の大きさは一致しない。

　他方，上記のような取得・消却を転換と同様にみなすための諸々の条件を満たさない場合には，あらかじめ取得時に即時の消却が決まっている場合であっても，取得と消却を分けて処理することになる。つまり，取得時に自己転換社債の取得を処理すると，その取得金額は，発行した株式の時価と現金支払額の合計に等しくなる[25]。その結果，消却の際には，損益が発生することになる。

　なお，前節で述べたように，取得が自社の株式のみによる場合，株価が転換価格以下の時に取得と消却が同時に行われた場合には，転換と経済的実質が異なることから，取得と同時に消却することが事前に明らかなケースでも，取得と消却を分けて処理することになっていた[26]。同様に，現金と自社の株式の両方による取得の場合も，株価が転換価格以下のときには，取得と消却が同時に行われる時に，そのことが事前に明らかなケースでも，転換社債の帳簿価格に基づいて処理することはなく，発行した株式の時価を払込資本とする[27]。第2節で述べたように，株価が転換価格以下の場合の取得条項は，ソフトマンダトリー条項であり，そこでは，株式の時価に基づく転換価値に相当する金額は，額面金額を下回ることになる。そこで，現金と自社の株式の両方による取得では，この場合，株式とともに，転換価値に相当する金額が額面金額を下回る分を現金で追加して支払うことになる。したがって，株価が転換価格以下のとき，取得金額合計は額面金額に等しいが，取得時の払込資本の増加金額は転換価値に相当する金額に等しく，それは額面金額を下回っている。

第6節 米国基準と国際基準でみられる一部あるいは全部が現金決済される転換社債の会計

　米国においても，すべてが株式発行により決済されることを通常の転換としており，そのような転換社債の他に，転換社債の決済時に一部あるいは全部が現金で決済される（cash conversion）転換社債が存在する。このようなタイプの転換社債の場合，発行企業は，転換社債の決済時に，株式以外に現金を支払う形となる。また，国際会計基準においても，複合金融商品の規定の中に，株式以外で決済することができる場合について定められている[28]。この点について，日本の取得条項付転換社債と比較する形で検討したい。

1　米国基準の転換社債の種類
——株式決済型，現金決済型，一部現金決済型

　第2章では，米国の会計基準と国際会計基準における転換社債の会計について，現金決済に関する条項がまったくないケースをとりあげた[29]。会計基準においても，1969年に規定された米国のAPB意見書第14号では，発行された転換社債が転換される時には，すべて株式の発行で対応するものとされていた。そのような転換社債の発行時の処理に関しては，かつて，一括法を採用するか区分法を採用するかの議論をへて，米国では一括法の適用が中心とされ，国際会計基準では複合金融商品として区分法で処理されるものと位置づけられている。

　ここでは，株式発行による転換を「株式決済」（stock conversion）とよび，現金支払による転換を「現金決済」（cash conversion）とよぶ。さらに，株式と現金の両方を組み合わせた決済を「一部現金決済型」（settlement partially in cash upon conversion）とよぶ。

　このうち，米国の会計基準を中心に国際会計基準でもみられる「一部現金決済型」の転換社債は，日本の取得条項と非常に似ており，現金と自社株式の組み合わせによる取得・消却に該当する。しかし，米国基準と国際基準では，決済の方法について，発行企業と転換社債の保有者のいずれかの選択によること

を発行要領で規定することが可能であるが，日本の取得条項では，発行企業側による選択とされる。

このような「一部現金決済型」の転換社債に対して，米国の会計基準上の考え方は，緊急問題専門委員会（Emerging Issues Task force：EITF）での2003年以降の数年間の議論[30]をへて，2008年に，米国FASB職員公報（Staff Position）においてまとめられた[31]。そこでは，APB意見書第14号での転換社債が全部株式決済型であるとされ，「一部現金決済型」の転換社債とは区別されている。まず，従来の転換社債である全部株式決済型の転換社債との区別に注意しながら，「一部現金決済型」の場合の払込資本の増加金額の測定の問題に注目する。

2 米国FASB職員公報の転換社債の会計の適用範囲と内容
——通常の転換との違い

米国FASB職員公報でとりあげられた転換社債は，転換時に，一部あるいは全部が現金で決済される可能性のあるものを対象としている。適用範囲は，発行要領において当初から転換条件としてその点が規定される転換社債である[32]。その点で，日本において，発行要領の中に取得条項が定められたうえで，それに従って取得・消却される転換社債と同じであると思われる。米国FASB職員公報によれば，適用範囲である一部あるいは全部が現金決済される可能性のある転換社債は，一括法の適用を認めていたAPB意見書第14号とは異なり，発行時に区分法により処理されるべきであるとされている[33]。

転換社債の発行時の区分法の適用をめぐる米国の議論については，第2章でとりあげたように，APB意見書第14号や筆者の過去の研究に詳しい[34]が，ここでは，決済における払込資本の増加金額の測定に注目する。

米国FASB職員公報によれば，適用範囲である，一部あるいは全部が現金で決済される可能性のある転換社債の決済時に，発行企業は，社債部分を償還し，区分された新株予約権部分（米国では転換権とよぶ：conversion option）を取得することとなり，その結果，転換社債の取得金額は両者に割り当てられることになるという[35]。そこでは，決済方法が現金決済型か，株式決済型か，現金と株式の両方である「一部現金決済型」であるかを問わずに，取得時に転換社債の

保有者に移転される取得の対価の公正価値を測定し，その公正価値を，社債部分と新株予約権部分とに配分することになり，配分の際，決済時の社債部分の公正価値に応じて行うべきであるという[36]。新株予約権部分に配分される金額は，移転された公正価値から社債部分に割り当てられる金額を差し引いて計算されるという。

なお，一部あるいは全部が現金で決済されても，社債部分は消去，すなわち償還されると考えられるので，帳簿価格は消去され，新株予約権部分も消去される。その際，社債部分の公正価値と帳簿価格は等しくはないので，その差額が決済損益（日本での消却損益）として計上されると考えられる[37]。

米国FASB職員公報の適用範囲である，一部あるいは全部が現金決済される可能性のある転換社債は，現金決済に関する条件が転換社債の発行時に提示されるという点で，日本での取得条項付転換社債に似ている。しかし，上でみたように，現金決済の可能性のある転換社債について，米国では，決済（settlement）を転換（conversion）とよび，現金決済（cash conversion or settlement in cash upon conversion）であっても，転換あるいは償還（extinguishment）とよんでいる。このような転換社債は，発行時には区分法で処理されることが規定され，転換（決済，償還）時には，転換社債の公正価値や社債部分の公正価値に基づいて処理が行われている。特に，現金と自社の株式の両方による決済の場合，払込資本の増加金額は発行する株式の時価に等しく，決済時には損益が計上される[38]。他方，発行要領により現金決済の可能性が示されたものの，結果的にすべてについて株式決済が行われた場合も，発行された株式の時価を払込資本の増加金額とし，決済時に損益が計上される[39]。すなわち，米国では，現金決済の可能性がある転換社債について，転換（決済）時に，社債の帳簿価格ではなく，発行した株式や社債の時価に基づいて処理する点で，日本の取得条項付転換社債の会計処理とは大きく異なるのである。

なお，国際会計基準では，転換社債のうち，一部でも現金決済の可能性がある場合，転換権に該当する部分（株式コール・オプション）は，負債に含まれるが，社債部分とは区分されるという[40]。負債とされた転換権は，非資本性のデリバティブとして，毎期時価評価されると規定されている。

第7節 おわりに

　本章では，現在の日本の転換社債の発行の主流ともいえる取得条項付転換社債型新株予約権付社債について，取得と消却の処理を中心に，繰上償還や転換と比較してきた。実際の発行例を見ながら，会計基準を解釈すると，株価が転換価格を上回るケースとそうでないケースとを区別する考え方については，一定の合理性があると思われる。

　発行済みの転換社債の取得と消却を同時に行う場合，発行時点において，取得と消却が同時に行われることが事前に明らかであるケースとそうでないケースとがあった。もし，取得と消却が同時に行われることが事前に明らかである場合には，株式による取得・消却は，株価が転換価格を上回るときには転換と経済的実質が同じであるとみるような会計処理に対しては，整合性と合理性を解釈できた。しかし，現金と自社の株式による取得と消却について，転換と経済的実質が同じとみることが適切かについては，日本の会計基準を説明することは可能であったが，発行する株式の時価を無視するとはいえ，転換と同じかどうか疑問が残った。

　国際的にみて，米国を中心に，日本の取得条項付転換社債と似たものとして，現金決済の可能性のある転換社債がある。これは，通常の転換社債とは区別され，発行時に区分法による処理が義務づけられ，決済時は時価をベースとした処理を行う。すなわち，転換社債の発行時点で，一部でも現金決済の可能性があると発行要領に定められれば，米国では，それに従った取得・消却は，日本とは逆に，経済的実質が転換とは異なるとみなすことになる。また，国際会計基準でも，一部あるいは全部について現金決済の可能性のある転換社債について，転換権が負債とされる区分法が適用されるなど，一般的な全部株式決済型の転換社債とは異なる処理である。

　日本でも，すでに，発行済みの取得条項付転換社債について，取得と消却を行うケースが増えてきた。転換が転換社債の保有者の選択によって行われることに対して，取得・消却が発行企業の選択により可能であるという点も，取得・消却が転換と経済的実質が同じであるかの判断に影響するのかについて，

第3章　取得条項付転換社債型新株予約権付社債の会計問題　*63*

今後も考察していきたい。

◆注————————
1　会社法第236条第1項第7号による。
2　田中（2007）pp.1-2およびp.11による。
3　江尻・丹下（2009）p.1による。
4　企業会計基準委員会（2006）第36項による。区分法については，第38項による。
5　転換社債の発行時の取得条項に基づいて，実際に取得と消却が行われた例として，アサヒグループホールディングス（発行時の社名はアサヒビール）などが挙げられる。
6　企業会計基準委員会（2007）第23項による。また，第45項−第53項を見よ。
7　企業会計基準委員会（2007）第23項（1）による。
8　企業会計基準委員会（2006）第36項および第112項による。
9　企業会計基準委員会（2007）第23項（1）では，発行企業が，取得した転換社債を取得と同時に消却した場合には，自己社債と負債としての社債の両方が消滅するため，繰上償還する場合に準じて処理すると述べられている。
10　企業会計基準委員会（2007）第23項（2）による。
11　企業会計基準委員会（2007）第19項と第42項による。米国の会計基準も同様であり，その点については，AICPA（1973）および名越（1996）を参照されたい。
12　企業会計基準委員会（2007）第23項（2）②によれば，取得の対価となる自社の株式の時価と，取得した転換社債型新株予約権付社債の時価のうち，より信頼性をもって測定可能な時価に基づいて払込資本を計算するという。
13　企業会計基準委員会（2007）第19項および第42項による。
14　企業会計基準委員会（2007）第42項を参照せよ。
15　企業会計基準委員会（2007）第23項に取得条項付転換社債型新株予約権付社債の発行者側の処理が規定されているが，自社の株式の市場価格が転換価格を上回る場合において取得する時に限定されている。さらに第49項を参照のこと。
16　企業会計基準委員会（2007）第50項を参照のこと。
17　企業会計基準委員会（2007）第23項（2）①および第48項による。さらに設例2を参照のこと。
18　企業会計基準委員会（2007）第23項（2）②および第49項による。
19　企業会計基準委員会（2007）第23項（2）②および第50項による。
20　企業会計基準委員会（2007）第23項（2）②，第49項および第50項による。
21　企業会計基準委員会（2007）第23項（3）および第51項による。

22 企業会計基準委員会（2007）第23項（3），第51項，設例3-1を参照せよ。

23 企業会計基準委員会（2007）第23項（3）および第52項による。この点について，田中（2007）において，現金と自社の株式を対価とする場合に，自社の株式のみを交付する転換と経済的実質が同一であるかを問題にしている。

24 企業会計基準委員会（2007）第23項（3），第52項，設例3-2を参照せよ。

25 企業会計基準委員会（2007）第23項（3），第51項，設例3-1を参照せよ。

26 企業会計基準委員会（2007）第50項による。

27 企業会計基準委員会（2007）第53項による。

28 IASB（2003）para.31による。詳しくは，Ramirez（2015）p.571を参照のこと。

29 本書第2章のほか，名越（1996）および名越（1999）を参照のこと。

30 EITF Issue No.90-19によって問題提起され，1991年に議論された後は取り上げられなかった。その後，2003年と2006年に，EITF Issue No. 03-7が議論され，2007年にEITF Issue No. 07-2が議論された後に，FASB（2008）へとつながった。公開草案までの過程を研究したものとして，田中（2007）pp.9-10および山田（2008）pp.84-92がある。

31 FASB（2008）による。

32 FASB（2008）para.3による。

33 FASB（2008）para.6による。

34 特に，名越（1999a）pp.150-153を参照のこと。

35 FASB（2008）para.20による。

36 FASB（2008）para.21による。

37 FASB（2008）para.21による。

38 FASB（2008）para.A9による。

39 FASB（2008）para.A11による。

40 IASB（2003）para.3およびpara.AG33を参照のこと。さらに，Ramirez（2015）p.571, p.583, pp.586-589を参照のこと。

第4章

自社株式による決済の会計と負債・資本の区分

第1節 はじめに──株式の「通貨化」という状況

　1990年代後半より，自社株式を支払のための決済手段として用いるケースが増加した。第1章で述べたように，取締役・従業員への報酬の支払について，自社株式を購入する権利である新株予約権（stock purchase warrant）を無償で付与するストック・オプション（stock-based compensation）の利用が挙げられる。報酬の支払以外に，資産の購入や費用の発生時に，自社株式あるいは自社株式を購入する権利である新株予約権を無償で付与する契約を結ぶことができる。このようなケースは，自社株式による決済あるいは支払（stock-based settlement or payment）とよばれている。

　本来，株式の発行は，企業の資金調達のために行われてきた。しかし，ストック・オプションの権利行使にみられるように，株式発行が報酬などの支払のための決済手段としても行われていると考えることもできる。一般的に，株式発行の目的が資金調達か決済かで，異なる会計処理をすることは考えられない。しかし，上記のように，資金調達の目的以外での株式発行が普及したことを背景に，2000年前後から，米国の会計基準や国際会計基準（2001年以降に新しく設定されたものは国際財務報告基準と称する）において，自社株式による

決済を伴う債務（obligation）について，負債と資本の区分の観点から問い直そうとする試みが行われてきた。

　本章では，自社株式による決済に関する会計基準の動向と考え方について，ストック・オプションや自己株式（treasury stock）に関する議論と関連づけた考察を行うことにより，負債と資本に関する考え方やアプローチが会計基準上どのように変遷したのかを検討する。まず，資産と費用の測定について，基本的な考え方を構築した後に，自社株式による決済を伴う債務が負債であるか資本であるかについて議論するが，米国の会計基準や国際会計基準では，改訂により，このような自社株式による決済を伴う債務のうちの一部を負債に分類することとなっている。この改訂の過程で，負債の概念は変わったのであろうか。また，負債と資本を区分するためのアプローチは，どのような変遷を遂げたのであろうか。以上の問題意識の他，株式発行について，新株だけではなく自己株式が用いられる状況を鑑みて，自己株式の処理との整合性も考慮する。たとえば，取得した自己株式を，自社株式による決済にあてるために処分することもある。そのような動きを視野に入れて考察を行っていきたい。

第2節 ｜ 資産と費用の測定に関する基本的な考え方

　最初に，決済を伴う債務として，資産の購入や費用の発生に伴って生じるものについて考える。たいてい，資産の購入金額や費用の金額はあらかじめ決まっていることが多い。現金での決済の場合，請求された金額が負債として計上される。このように，債務の金額があらかじめ決められている場合，自社株式による決済は，どのように行われるのであろうか。

1　債務の金額があらかじめ決められているケース

　資産の購入や費用の発生にあたり，その金額が決められている場合，現金での決済ではなく，自社株式による決済を行うものとする。このとき，現金決済と異なる点はあるのであろうか。自社株式による決済では，請求された金額に

等しい時価総額の自社株式を付与することになる。したがって，自社株式による決済でも，現金決済と同じ金額で，資産と費用の金額を計上することができる。同時に，株式発行に伴い払込資本が認識される。

　ただし，上記のケースは，資産と費用の金額があらかじめ決まっており，計上金額について売り手（財・サービスの供給業者）と買い手との間で合意があるケースである。しかし，契約によっては，自社株式による決済の場合，金額ではなく，付与される自社株式の数をあらかじめ決めることもある。代表的な例が，取締役・従業員への報酬の支払に株式を用いるストック・オプションである。ストック・オプションなど株式関連報酬は，報酬の支払を金額ではなく，新株予約権の個数や株式の数によって決めることが多い。これは，債務が株式数によって決められると位置づけられる。このような債務の計上について，金額とは別の要素によって決められるものとして別途考えてみる。

2　債務の決済条件が株式数によって決められているケース

　ストック・オプションの場合，行使価格により購入できる株式数を決めるという形式で報酬を定めているケースがほとんどである。このうち，ストック・オプションが付与される段階で株式数を決定する固定型（fixed）と，オプションが付与された後の状況をみて株式数を決定する変動型（variable）とがある。

　また，ストック・オプション以外に，資産の購入や費用の発生において，支払金額が株式数によって決められるケースもありうる。たとえば，財・サービスの供給業者として，独立契約当事者（independent contractor）や取引業者（supplier）などに対する支払について，金額ではなく株式数を決めることで契約が行われるケースがある。このように，支払うべき債務が金額ではなく株式数によって決められている場合には，資産や費用の計上金額はどのように決定されるのであろうか。

　基本的に，財・サービスの購入において，自社株式そのものが決済の手段として用いられる場合には，現物出資と同様に考えてよいであろう。その際，受け入れた資産の公正価値あるいは発行した株式の公正価値のいずれか信頼できる数値をベースにして測定が行われる。たとえば，前述のように，債務の金額

があらかじめ決められている場合には，受け入れた資産の公正価値が信頼できる数値であり，債務の金額に等しくなるよう設定されているので，資産の取得金額であると同時に払込資本の金額となる。

　他方，債務が金額ではなく株式数によって決められた場合には，株式交換による企業買収で見られるように，発行された自社株式の公正価値のほうが，受け入れた資産の金額よりも信頼できる数値であると考えられて処理されることもあるので，資産の取得金額は，発行された自社株式の公正価値に基づいて決定される。こうして決定された資産の取得金額は，利用や販売を通じて費用化される。同様に，費用の発生時に，自社株式による決済の条件が株式数によって決められた場合には，費用の金額は，発行される自社株式の公正価値に等しいものとして測定されるであろう。同時に，債務の金額も，自社株式の公正価値によって測定され，株式が発行されれば，払込資本も認識される。

　しかし，ストック・オプションでみられるように，決済に自社株式そのものが用いられるわけではなく，新株予約権が無償で付与される場合はどうであろうか。企業が，資産の取得や費用の発生と引き換えに，行使価格で自社株式を購入できる権利であるオプションを取引相手に付与した場合には，株式発行はオプションの保有者の行使を待つ形となる。ここでは，まず財・サービスの受け入れに伴って，「ストック・オプション」という何らかの義務が計上されることになる。ただ，義務といっても，ストック・オプションとして無償で付与された新株予約権は，現金による払込を伴う場合と同様に，払込資本あるいは純資産の部に分類されると考えられる。しかし，資産の取得金額や費用の金額が決められていない場合は，その金額はどのように測定されるのであろうか。ここでも，ストック・オプションとして発行された新株予約権について，その公正価値が測定されることで，それが資産の取得金額や費用の金額に相当するとみてよい。この考えから，債務の金額も，ストック・オプションとして発行される新株予約権の公正価値によって測定される。

　市場性のある株式や有償で発行される新株予約権の場合，公正価値は市場価格（時価）に等しい。他方，ストック・オプションとして無償で発行される場合，その新株予約権には，市場性がないため，公正価値はオプション・プライシング・モデルに依存して決定される。オプション・プライシング・モデルに

おいては，1オプションあたりの公正価値の算定は，行使価格，オプションの有効期間，付与日の株価，予想される株価変動幅（ボラティリティ），予想される配当，リスク・フリー・レートなどによって行われる。ただし，通常の新株予約権と異なって，ストック・オプションとして発行される場合には，新株予約権の譲渡が禁止され，退職によるストック・オプションの行使制限の設定など失効に関する事項が契約により決められることが多い。したがって，このような要素を織り込んで公正価値が算定される。

　まず，譲渡の禁止については，ストック・オプションとして新株予約権を付与された者の換金手段が，権利行使に限定されることを意味するので，新株予約権の存続期間は，契約によって設定された有効期間より短くなると思われる。したがって，オプション・プライシング・モデルの説明変数である「オプションの有効期間」を，「オプションの予想される存続期間」におきかえたうえで，1オプションあたりの公正価値が計算される。このように計算された1オプションあたりの公正価値に，付与されたオプション数を乗じて，公正価値が算定される。しかし，退職による行使制限の設定など失効に関する事項を考慮すると，あらかじめ予想される失効の比率を見積もり，その分を差し引いたオプション数を乗じて最終的に公正価値が計算される。

　市場性のある新株予約権の場合，市場が完備していれば，オプション・プライシング・モデルによって算定された公正価値と市場価格（時価）は一致する。モデルの設計次第では，数値が大きく異なることがあるが，ストック・オプションとして発行された新株予約権の公正価値を，それと引き換えに取得した資産や発生した費用の金額とする考え方は，株式の公正価値のケースと同様に，説明力を有していると思われる。

　以上，自社株式による決済を伴って取得される資産や発生する費用の金額は，自社株式の公正価値や新株予約権の公正価値によって決定されることを説明してきた。

　では，会計基準の設定において，自社株式による決済について，どのような処理を規定してきたのであろうか。おもにストック・オプションに関する会計基準と関連させて，米国の会計基準と国際会計基準の過去の動きをみてみよう。

3 自社株式による決済とストック・オプション会計基準
──米国の会計基準と国際会計基準

　自社株式による決済に関して，会計基準の形で初めて示されたのは，米国の基準においてであった。1995年に公表された，米国FASBの基準書第123号「株式に基づく報酬の会計処理」[1]では，取得した資産と発生した費用の金額として，株式およびストック・オプションの公正価値を計上する方法が推奨されていた。ここでいう「報酬」（compensation）とは，従業員（employee）に対する支払だけではなく，社外取締役（outside director），独立契約当事者，取引業者に対する支払までを意味する。なお，株式およびストック・オプションとして発行された新株予約権の公正価値に基づいて資産と費用の計上金額を決定する方法は，従業員以外の者に対する支払に関して強制された。他方，従業員に対する支払については，2004年12月に，米国FASB基準書第123号の改訂[2]が行われるまでは，公正価値による計上を行わない方法を規定した会計原則審議会（Accounting Principles Board : APB）の意見書第25号「従業員に対して発行された株式の会計」[3]の適用が許可されていた。

　このように，自社株式による決済に関する米国の会計基準は，ストック・オプションの会計基準で示される形となり，そこでは，ストック・オプションの公正価値により，資産と費用の金額を計上することを規定しているが，2004年12月までは，従業員に対する支払についてのみ，公正価値を費用計上する方法を強制していなかった。妥協策として，ストック・オプションの公正価値の開示，採用した計算モデルの説明変数の開示，ストック・オプションの個数と行使条件の開示が規定されていた。つまり，ストック・オプションについて，自社株式による決済という性質を持ちつつも，その公正価値を資産や費用の金額として計上するか否かについて，1995年から2004年12月までは，2つの会計方法が共存していた。この経緯については，本章第3節で詳しくとりあげるが，次章で再度検討される。

　このようなストック・オプションに関する米国の会計基準の動向に対して，国際会計基準および国際財務報告基準では，2001年のポジション・ペーパーと2002年の公開草案により，ストック・オプションとして発行された新株予約権

の公正価値を費用計上する意向が示された。その後，2004年に公表された国際財務報告基準（International Financial Reporting Standard : IFRS）第2号「株式に基づく報酬」[4]により，ストック・オプションに関して，公正価値による計上が規定された。

　なお，米国の会計基準と国際財務報告基準では，ストック・オプションとして付与された新株予約権を計上する際には，長い間，払込資本とみなす考え方が前提とされてきた。その点について，すでに第2章と第3章でみたように，複合金融商品の一部である新株予約権を区分して計上する際も同様であった。しかし，ストック・オプションや自社株式による決済に関する会計基準の設定過程を見ると，米国で1990年に公表された，負債と資本の区別に関する討議資料[5]において，新株予約権とストック・オプションを負債とみなす考え方が，資本とみなす考え方と同様に，詳しく議論されていた。その後，1993年公表の米国のストック・オプション会計基準の公開草案や1995年のストック・オプション会計基準[6]では，ストック・オプションは払込資本とされ，負債とされることはなかった。

　それに対して，2000年代前半からの自社株式を決済手段として利用する風潮，つまり株式の「通貨化」という流れを契機として，負債の定義について，再度検討が行われるようになった。そこでは，新株予約権やストック・オプションを含めた，自社株式による決済の一部について，負債とみなす可能性があるという点に注目が集まった。第3節では，米国の討議資料や会計基準について，1990年から最近までの動向を中心に，検討を行う。その後，1990年代以後最近までの国際会計基準と国際財務報告基準の考え方についても検討したい。

第3節 ┃ 自社株式による決済を伴う債務は負債か資本か ──米国 FASB での議論

　前節では，自社株式による決済を伴う債務が，新株予約権やストック・オプションと同様に払込資本に該当するものとして，説明を試みた。その際，受け入れた資産や発生した費用の金額と，払込資本の金額は，等しいものとして扱われてきた。第2章で検討したように，新株予約権が払込資本とみなされた

のは，複合金融商品の発行時の払込の一部が新株予約権として独立に計上され，それが株式発行を約束するものと考えられたからである。しかし，前述したように，1990年に米国FASBより公表された負債と資本の区別に関する討議資料では，ストック・オプションや自社株式による決済を伴う債務について，負債とみる考え方が詳しく検討された。加えて，2000年初頭に行われた，負債の定義に関する米国FASBの議論においては，自社株式による決済を伴う債務のうちの一部が，負債として分類されると考えられた。

　以下では，まず，米国FASBの議論に関して，1990年の負債と資本の区分に関する討議資料から，2000年初頭までの負債の定義の修正をめぐる議論に至るまでを検討した後に，2000年以後に米国FASBで行われた，自社株式による決済を伴う債務に関する考え方の推移を明らかにしていきたい。

1　米国FASBの討議資料（1990年）
——負債と資本の区分に関する議論の始まり

　1980年代から，米国FASBは，負債と資本の区分に関する検討作業を行っていた。その目的と背景は，転換社債（convertible bond）など負債と資本の性質を合わせ持つ複合金融商品（compound financial instrument）の会計処理を考察することであった。その際，転換社債のうちの転換権部分（convertible），新株予約権（stock purchase warrant），ストック・オプション（stock option）が負債であるか資本であるかについて，綿密な分析が行われた。前述のように，1990年に公表された討議資料第94号「負債証券と持分証券の区別および両者の性質を合わせ持つ複合金融商品の会計」では，新株予約権を負債とみる考え方が，資本とみる考え方と同様に詳しく議論されていたのである。

　ただし，第2章で，ストック・オプションや新株予約権など自社株式による決済を伴う債務を払込資本あるいは純資産とみて考察したのは，米国FASBの概念基準書第6号「財務諸表の構成要素」[7]における負債の定義に従ったからである。それによれば，負債とは，「他の実体による当該実体の資産に対する請求権で，将来の資産の犠牲を伴うもの」を意味するという。この定義からは，ストック・オプションは請求権にあたるものの，この請求権が行使される時に

第4章　自社株式による決済の会計と負債・資本の区分　　73

は自社株式を発行するだけであって何らかの資産を犠牲にするわけではない。発行企業にとって，自社株式は資産にあたらないとみるので，ストック・オプションや新株予約権は負債ではないと考えられたのである。概念基準書第6号では，負債にあてはまらないものをすべて資本に含めている。すなわち，負債と資本は相互排他的な概念として把握されているのである。したがって，ストック・オプションが負債でないとすれば，資本に含めるしかない。

　このような考え方に対して，討議資料第94号で並行して展開された，新株予約権やストック・オプションを負債とみなす考え方は，どのようなものであったのであろうか。この考え方のもとでは，自社株式を発行企業の資産とはみないものの，事実上，新株予約権やストック・オプションが，現金やその他の資産の代わりに決済手段として用いられるとみて，自社株式による決済を伴う債務が，本質的には資産を移転させる義務にあたると解釈されている。そこでは，発行企業にとって，新株予約権やストック・オプションの行使など，決済手段としての自社株式の発行は，市場価格以外の資本取引であるとされるので，株主取引ではないと解釈されたのである。

　では，新株予約権やストック・オプションが負債とされた場合，行使された時にはどのように処理されるのであろうか。行使されて株式が発行されても，上記のように，それが株主取引ではないとすると，株式の時価と行使価格の差額である有利発行費が費用として計上されることとなり，株主間の価値の再分配が損益として認識されることになる。ここでは，利益計算が，株主全体の立場ではなく，既存株主の立場で行われているといえる。なぜなら，時価よりも低い行使価格で株式が発行されると，既存株主にとって，株式の価値は稀薄化し，時価と行使価格の差額である有利発行費は，既存株主の損失に該当するからである。この場合，払込資本の金額は，有利発行費の分だけ大きくなるが，留保利益は小さくなる。つまり，広義の資本の大きさは，ストック・オプションを払込資本に含める場合と変わりはない。

　このように，米国FASBの討議資料で議論された，新株予約権やストック・オプションを負債とみる考え方は，日本において，かつて新株予約権が仮勘定として負債の部に計上された後に，行使時にはそのまま払込資本に算入する処理とは大きく異なっていた。**図表4-1**のように，米国FASBの議論では，新株

予約権を負債とみる考え方は，資本とみる考え方と比較して，利益計算，留保利益および払込資本の金額が異なるのである[8]。

図表4-1 新株予約権が行使された時の処理の比較
——FASB討議資料第94号に基づく資本説と負債説

新株予約権の金額がP，行使されたときの払込金額をMとする。行使日の株価と行使価格の差額に発行株式数をかけた金額をLとする。行使されたときの払込資本の増加金額と利益計算は次のようになる。

	資本説	負債説	仮勘定として負債計上し，後に払込資本
払込資本の金額	P＋M	P＋M＋（L－P）	P＋M
利益計算	ゼロ	有利発行費L－P	ゼロ
資本の合計金額	P＋M	P＋M	P＋M

　以上は，新株予約権やストック・オプションが行使された場合の議論であった。行使されないまま期限切れとなった場合には，どのように処理されるであろうか。討議資料では，新株予約権やストック・オプションを資本とみる場合には，払込資本に含めようとしていたが，負債とみる場合には期間利益に算入することが可能であると指摘されていた。このように，資本とみるか負債とみるかで，行使されないまま期限切れとなった場合，新株予約権やストック・オプションの処理が異なっていると考えられたのである。

　前述のように，討議資料において，新株予約権やストック・オプションを負債とみることは，利益計算が既存株主の立場で行われることを意味していた。行使された時には有利発行費が計上されるが，**図表4-2**のように，行使されないまま期限切れとなった場合には，既存株主に新株予約権ないしストック・オプションの価値が移転されるので，利益とみることが可能であった。

第4章　自社株式による決済の会計と負債・資本の区分　75

図表 4-2 行使されないまま期限切れとなった場合の処理の比較
——FASB討議資料第94号に基づく資本説と負債説

	資本説	負債説
払込資本の金額	P	ゼロ
期間利益	ゼロ	利益P

　しかし，新株予約権やストック・オプションを負債とみる考え方は，概念基準書第6号における負債と資本の定義と両立しない。したがって，後に，ストック・オプションの会計基準を設定する過程では，資本とみなさざるをえなかったのである。もし，新株予約権やストック・オプションを負債とみるならば，既存の負債と資本の概念を変更する必要があり，さらに自己株式を資産とみる必要もあるかもしれない。引き続き，米国のストック・オプション会計の公開草案と会計基準について，特に負債と資本の区別にしぼって，詳しく見てみよう。

2　米国FASBの公開草案（1993年）と会計基準（1995年）
——ストック・オプション会計における負債に関する検討

　米国FASBにおいて，ストック・オプションに関する会計基準が検討された過程においては，概念基準書第6号における負債と資本の定義に従う形となっていた。しかし，1993年の公開草案や1995年の会計基準においては，前述の討議資料と同じように，ストック・オプションを負債とみる考え方に言及する記述もみられた。

　第2節で考察したように，ストック・オプションを付与した場合，公正価値を計算しその金額に基づいた資産や費用が計上されるという考え方は，1993年の公開草案の中で示されていた。それに対して，付与日から権利確定日あるいは行使日までに株価水準などが変化した場合に，ストック・オプションの公正価値が不変であるとは言えないので，その価値変動を織り込んで資産や費用の数値に反映させるべきではないか，という意見が紹介されていた。

　ストック・オプションの公正価値の変動要因としては，株価変動幅や配当の

予想の変化などが考えられる。また，将来の退職による失効の予想に変更が生じた場合には，1オプションあたりの公正価値に乗じるオプション数を調整することもありうる。このような変化を，ストック・オプションと引き換えに受け入れる資産や費用の金額に反映させるとすると，付与日に認識した「ストック・オプション」の数値も修正されることになる。しかし，ストック・オプションを払込資本とみると，現行の会計ルールでは，株主持分を再評価することはありえない。したがって，公正価値を再計算しても，払込資本として計上されたストック・オプションの金額を修正できない。そこで，米国FASBでは，ストック・オプションの公正価値の再計算と修正を可能にしようと，ストック・オプションを負債として認識する考え方も，検討対象に含めたのであった[9]。

　しかし，1995年のストック・オプション会計基準は，概念基準書第6号と討議資料第94号における，ストック・オプションを資本とみる考え方に従っていた。その後は，反転して徐々に，負債の定義を再検討する流れが強くなった。そのきっかけは，国際会計基準における負債と資本の区分に関する考え方にあると思われるが，第4節で議論することにしたい。

3　米国FASBの2つの公開草案（2000年）
——負債の定義の修正と負債と資本の区分に関する議論

　すでに述べたように，米国FASBは，1990年の討議資料の公表段階では，1985年に規定された概念基準書第6号における負債と資本の定義に従い，ストック・オプションや新株予約権を資本とみなしていた。しかし，2000年に，2つの公開草案「負債証券，持分証券，および両者の性質を合わせ持つ複合金融商品の会計」[10]および「負債の定義を修正するための概念基準書第6号の改訂」[11]が公表され，そこでは，ストック・オプションや新株予約権などのうち，自社株式による決済を伴う債務のすべてが必ずしも資本を意味するとは限らない可能性が指摘された。

　米国FASBの2000年の2つの公開草案のうち，負債の定義を修正する改訂案によれば，従来の負債の定義に追加することで修正を行うことが提案されていた。そこでは，負債とは，従来の定義に加えて，「株式発行による決済

が要求されるかあるいは許可される債務（obligation）であり，かつ所有者関係（ownership relationship）を構築しない」というものであった。言い換えれば，自社株式による決済を伴う債務のうち，所有者関係を構築しない株式発行の場合には，「負債」であることを意味する。ここで問題となるのは，「所有者関係を構築しない」株式発行とは何かという点である。公開草案では，債務の決済に株式発行が行われるケースを，「所有者関係を構築しない」としており，この場合の株式発行において，所有者関係ではなく，債権債務関係（debtor-creditor relationship）が生じているので，負債として判断されるという。

　では，米国FASBは，この公開草案により，概念基準書第6号における負債の定義の修正を提案したうえで，自社株式による決済を伴う債務をどのようにとらえたのであろうか。同時に公表された公開草案「負債証券，持分証券，および両者の性質を合わせ持つ複合金融商品の会計」では，ストック・オプションも含めて規定が行われたが，そこでは，決済に用いる株式数が固定的に決められていれば，自社株式による決済を伴う債務が資本に該当するとしている。他方，株式数が付与後の条件などによって変動する場合には，事情は異なる。もし，債務の金銭的価値（monetary value）の変動が，一定数の株式の公正価値の変動に帰属するかまたは等しいものであり，変動の方向が同じ方向であるならば，資本であるという条件がついていたのである。

　たとえば，第2節でとりあげた，債務の金額があらかじめ決まっているケースについて，検討してみよう。債務の金額が決まっている場合，株価が変動すると，一定金額の債務を決済するために発行する自社株式の数は，株価によって変動する。つまり，一定数の自社株式の公正価値は株価によって変動するのであって，それは債務の金銭的価値とは無関係である。したがって，債務の金額があらかじめ決められているケースでは，発行する株式数は変動するため，資本には該当せず，負債として定義されると考えられた。

　では，米国FASBでのこのような負債の定義を修正する改訂案は，どのような形で，会計基準や概念基準書に織り込まれたのであろうか。

4　米国FASBの会計基準（2003年）——負債と資本の区分

　米国FASBは，2003年に，基準書第150号「負債と持分の両方の性格を持つ特定の金融商品の会計」[12]を公表した。これは，上記でとりあげた2000年の２つの公開草案のうちの１つである同じ表題の公開草案「負債証券，持分証券，および両者の性質を合わせ持つ複合金融商品の会計」がベースとなっていた。他方，負債の定義の修正に関する，もう１つの公開草案の内容は，概念基準書には反映されなかった。

　ただし，この基準書第150号では，公開草案で提案されたように，自社株式による決済を伴う債務の一部を，負債に含めることとなった。具体的には，「可変の数の自社株式を発行する債務」（certain obligations to issue a variable number of shares）であれば，その債務の金銭的価値が，固定した貨幣金額であるか，株式の公正価値の変動とは反対方向に連動する変数であり，それを可変の数の自社株式で決済可能であれば，負債に分類された[13]。

　そのほか，この基準書第150号では，強制的な償還を要する金融商品は負債であること，また，自社株式を買い戻す義務を伴う金融商品（自社株式のプット・オプションの売建てが該当する）は負債であることも規定された。この点は，概念基準書の負債の定義に合致していることが論拠とされる。しかし，本章の主題である，自社株式による決済を伴う債務の一部が負債となるかについては，概念基準書の負債の定義に合致しないことを理由に，その改訂が行われないままであった。

　そこで，基準書第150号では，負債の定義の変更が必要であるとされ，そこには，「負債の定義に所有関係の不在という条件を含む」ことも決定された[14]。つまり，まず，「所有関係（所有主持分）」（ownership）がどのようなものであるかを定義する必要があった。

　なお，基準書第150号では，強制的な償還を要する株式を一律に負債としていたが，その点について懸念が示され，当該規定について，基準の発効が延期された[15]。この点については，2003年以後も負債と資本の区分に関してさらに検討が行われ，2005年７月にマイルストーン草案（Milestone Draft)[16]によって，所有関係と決済の２つの視点から負債と資本を定義する新しいアプローチが構

築された。その結果，償還義務のある株式のうち一定の条件を満たすものについて，負債ではなく，資本とするように考えられた。ここで用いられた，負債と資本の区分に関するアプローチは，負債が先に定義され資本が残余とされる従来の考え方とは大きく異なり，先に資本を定義する考え方であり，新しいアプローチであった。このマイルストーン草案の公表に向けて検討が行われたきっかけは，償還義務のある株式を負債とする考え方に対して疑義が発せられたことであり，草案の内容も償還義務のある株式を中心とした内容であった。しかし，この草案では，新株予約権やストック・オプションなど，自社株式による決済を伴う債務も検討対象とされていた。そこで，次に，自社株式による決済を伴う債務に関連するものとして，マイルストーン草案における負債と資本の区分に関する議論について検討することにしたい[17]。

5　米国FASBのマイルストーン草案（2005年）──負債と資本の区分に関する新しいアプローチ：所有関係・決済アプローチの提案

　前述のように，2003年に基準書第150号が公表された後，償還義務のある株式を負債とすることについて疑義が発せられたことがきっかけで，当該規定のみ発効が延期された。その後，さらに，負債と資本の区分に関する検討が行われた結果，2005年に，米国FASBは，マイルストーン草案を公表した。そこでは，基準書第150号で負債に区分された償還義務のある株式のうち，その一部が資本とされたほか，基準書第150号の適用範囲である金融商品について，新たに，負債と資本の区分に関する検討をやり直したのである。その際に用いられた考え方は，当該金融商品について，決済形態と所有関係という2つの視点によって負債と資本と区分するものであり，「所有関係・決済アプローチ」（ownership-settlement approach）とよばれた。このアプローチは，最初に資本を定義する考え方である。その点で，概念基準書に見られるような先に負債を定義する考え方とは大きく異なるものであった。

　所有関係・決済アプローチにおいて，資本を定義する際に用いられた概念は，決済されるか否か，決済要件があるか否か，最終決済であるか否かであり，取引相手の清算価値が問題となった。特に，決済形態と所有関係に関わるものの

うち，決済要件があるか否かは大きな要素であった。マイルストーン草案では，資本について，持分証券の名称がついた３種類の形態の金融商品が挙げられた。１つめは永久所有持分証券（perpetual instrument），２つめは直接的所有持分証券（direct ownership instrument），３つめは間接的所有持分証券（indirect ownership instrument）であった[18]。この３種類の持分証券のうち，条件に該当すれば資本に区分し，それ以外を負債として区分することが要求された。このように，マイルストーン草案における負債と資本を区分するアプローチは，従来の考え方である負債を先に定義する概念基準書での考え方とは正反対であった。

　マイルストーン草案では，償還義務のある株式に関して区分を行った他，ストック・オプションを含む新株予約権を，売建コール・オプションとして把握したうえで，間接的所有持分証券に分類した。なお，新株予約権の行使も決済にあたるが，決済方法は，自社株式の引渡による現物決済（売建コール・オプション）だけではなく，自社株式の引渡による差額決済（差額株式決済），および現金の支払による差額決済（差額現金決済あるいは差金決済）の３つの形態が想定された。このような決済の形態の違いを考慮して，負債と資本の区分が判断されたのである。

　ところで，新株予約権のように，マイルストーン草案において間接的所有持分証券として分類された持分証券は，他の２つの形態の永久所有持分証券や直接的所有持分証券とは，どのように違うのであろうか。まず，永久所有持分証券は，決済要件を持たない株式であり，会社清算時に，発行企業の純資産に対する一部の権利を保有者に与えるものであるとされた[19]。他方，直接的所有持分証券は，会社清算前もしくは会社清算時のいずれかにおいて，株式に比例する，純資産に対する請求権を表しており，請求権に関して制限や保証がない，つまり上限も下限も設定されていない場合であるという。具体的には，公正価値で償還可能な証券が直接的所有持分証券に該当し，帳簿価格で償還可能な証券もしくは帳簿価格に基づく計算式で金額が算定される償還可能な証券についても，活発な取引のための市場が存在しなかったり，報告実体とのみ当該証券が交換できる場合，同様に，直接的所有持分証券であるという[20]。さらに，会社清算時に，他の請求権よりも優先権がないケースである。このような直接的

所有持分証券は，資本に該当する。

　しかし，決済もしくは会社清算時に，一定額の配当と額面金額が支払われるような株式の場合は，純資産に対する請求権に制限がかかるため，直接的所有持分証券に該当しないので，負債に該当すると考えられる。以上のように，直接的所有持分証券が資本であるか否かの分類に際して用いられる考え方が，「所有関係・決済アプローチ」である。直接的所有持分証券の一部は，永久所有証券と同様に，資本に該当するが，永久所有持分証券以外の株式である，償還義務があるかあるいは償還可能である株式については，基準書第150号とは異なるアプローチである「所有関係・決済アプローチ」により，負債か資本かの区分に関する判断を行うことになる。

　しかし，新株予約権など，自社株式による決済を伴う債務については，新株予約権が直接的所有持分証券に該当せず，前述のように，間接的所有持分証券に該当するとされた。そこで，間接的所有持分証券について詳しく検討してみよう。

　マイルストーン草案によれば，間接的所有持分証券[21]は，決済時の取引相手の清算価値が，直接的所有持分証券の公正価値に依拠し，かつ，それと同じ方向で変動するものであるとしている。その際，間接的所有持分証券は，普通株式のような永久所有持分証券に該当せず，また直接的所有持分証券の特徴を満たさないものである。さらに，直接的所有持分証券に関する市場以外の観察可能な市場，あるいは収益など経営に関連して単独で計算あるいは測定される指数以外の観察可能な指数（平均株価指数など）に依拠した偶発的な行使に関する規定が含まれないとされ，もし，偶発的な行使に関する規定がある場合でも，決済時の取引相手の清算価値に影響を与える規定が含まれていない時であるという。

　このような間接的所有持分証券のうち，清算価値の計算基礎となる直接的所有持分証券を決済に用いることを要求する場合には，資本に区分される。上記の例では，自社株式の引渡による現物決済（売建コール・オプション）と自社株式の引渡による差額株式決済が資本に該当する。特に，売建コール・オプションは，固定価格で株式を固定数発行することを要求できる権利を取引相手に与えることになり，株式の公正価値が上昇すれば取引相手の清算価値も上昇し，

決済時は株式による決済であり，条件付きの行使に関する規定を含んでいない。また，新株予約権は，純資産に対する請求権を有さないので，直接的所有持分ではなく，間接的所有持分として，資本に区分される。

なお，ストック・オプションを含む新株予約権の中には，第5章補論でとりあげるように，差額現金決済が行われる可能性があるものもある。このように，現金など資産の譲渡によって決済される場合，マイルストーン草案では，負債として区分されるという。

前述のように，マイルストーン草案のプロジェクトは，償還義務のある株式を負債にするかどうかを中心テーマとして開始されたが，前述のように，自社株式による決済についても言及されていた。そこでは，永久所有持分証券を決済要件がないものとしている点で，概念基準書での負債の定義を先に行った場合の考え方と違いがないように思える[22]。しかし，直接的所有持分証券に関しては，「所有関係・決済アプローチ」に基づき，純資産への請求権の性質など，先に資本の概念が定義されている。なお，新株予約権が含まれる間接的所有持分証券については，決済手段が現金であるか自社株式であるかの論点があるものの，決済時の取引相手の清算価値が，直接的所有持分証券の公正価値に基づいて同じ方向に変動するか否かといった株価との連動性が重視されたうえで，資本の概念を先に定義する考え方である。このように，マイルストーン草案では，現行の米国FASBの概念基準書が負債確定アプローチをとることに対して，資本確定アプローチをとると考えられ，直接的所有持分証券と間接的所有持分証券に関する負債と資本の区分について，概念基準書とは異なる考え方を適用しているところがある[23]。

このように，2005年のマイルストーン草案では，「所有関係・決済アプローチ」の適用が提案されたが，続く2007年に公表された予備的見解（Preliminary Views）「持分の特徴を有する金融商品」では，他のアプローチへの変更が提案された[24]。なお，この予備的見解では，「所有関係・決済アプローチ」も検討対象に含めていた。続いて，自社株式による決済との関連で，負債と資本の区分に関するアプローチの変遷をさらに詳しくみてみよう。

6 米国FASBの予備的見解 (2007年)
——負債と資本の区分に関する議論：基礎的所有アプローチの提案

2005年以降，米国FASBは，マイルストーン草案で提案された「所有関係・決済アプローチ」に加えて，「基礎的所有アプローチ」(basic ownership approach) と「REOアプローチ」(reassessed outcome approach) を検討対象とした。その結果，2007年11月に，「所有関係・決済アプローチ」ではなく，「基礎的所有アプローチ」を支持する見解が，予備的見解として公表された。なぜ「基礎的所有アプローチ」が支持されたのか，また，なぜ「所有関係・決済アプローチ」が却下されたのかを中心にみてみよう。

まず，2005年のマイルストーン草案の「所有関係・決済アプローチ」は，金融商品の決済形態と所有関係の性質に基づいて分類を行う考え方であり，分類を決定する際に，決済形態に調整を行うことで，負債と資本に関する恣意的な区分が可能であった。その観点から，負債と資本に関する恣意的な区分を意図して，証券が組み立てられる可能性が指摘された[25]。それに対して，新たに提案された「基礎的所有アプローチ」は，決済形態に左右されないと考えられた。

では，「基礎的所有アプローチ」とはどのようなものであろうか。このアプローチの原則は，たいていの残余請求権が資本として分類され，このクラスの証券の保有者は企業の所有主であるとみなされるが，所有主が利用可能な純資産を増減させるような請求権の場合には，負債として分類されるという。さらに，原則として，測定要件が定められていない証券は，現行の概念基準書におけるフレームワークに基づいて測定されるという。結果的に，予備的見解では，資本として分類すべき証券を，基礎的所有持分証券に限定している。

この基礎的所有持分証券に関して，予備的見解では，2つの特徴が挙げられた[26]。第1に，発行企業が，負債か資本かの分類の決定がなされた日に清算されたと仮定した場合，基礎的所有持分証券の保有者からの発行企業の資産に対する請求権は，他のいかなる請求権よりも優先しない，ということである。第2に，このような証券保有者は，優先権の高いすべての請求権が満たされた後，発行企業に残存する資産を得る権利を有しており，この証券保有者の資産に対する割合は，最も低い優先権に関する総請求権の割合に依拠し，上限も下限も

84

ないという。

　このように，「基礎的所有アプローチ」では，発行企業の資産に対する請求権について，優先権が最も低い証券を基礎的所有持分証券とし，これのみを資本として分類することを要求している。株式の多様性を考慮すると，優先権の異なる数種類の株式が発行された状況を想定した場合，優先権の最も低い普通株式のみが基礎的所有持分証券になり，優先株式など普通株式とは条件が異なる株式は，負債に分類されることになる。なお，予備的見解の「基礎的所有アプローチ」では，永久証券ではなく，償還可能な証券の場合でも，基礎的所有持分証券の2つの特徴を持つ場合には，基礎的所有主持分証券に該当するという[27]。特に，償還金額が，証券保有者が権利を持つ発行企業の純資産の割合と同じであり，償還により他の基礎的所有持分証券よりも高い優先権を持つ証券の請求権が損なわれる場合には償還を禁止する旨の契約条項がある場合に限り，償還可能な証券でも基礎的所有持分証券に分類されるという。

　以上のように，2007年の米国FASBの予備的見解で提案された「基礎的所有アプローチ」は，2005年のマイルストーン草案で提案された「所有関係・決済アプローチ」と同様に，概念基準書における負債を先に定義する考え方とは大きく異なるもので，資本を先に定義する考え方である。このように，負債を先に決めるか資本を先に決めるかにおいて，2005年のマイルストーン草案以降，大きな転換があったが，現在も，概念基準書や会計基準の修正には至っていない。この後，米国FASBは，国際会計基準審議会（International Accounting Standards Board : IASB）とともに，負債と資本の区分について共同で考察を行ったが，2010年以降，米国FASBにおけるこのテーマについての議論の方向は定まっていない。ただ，IASBが中心となり議論が続けられている。

　次に，IASBでの負債と資本に関する議論を検討するが，今に至るまで，国際会計基準（International Accounting Standards: IAS）と国際財務報告基準において，どのような議論が行われてきたのかをみてみよう。

第4節 自社株式による決済を伴う債務は負債か資本か
——IASC と IASB での議論

1 国際会計基準第32号（1995年設定，1998年修正）と 解釈指針（1998年）における持分金融商品の定義

1995年の国際会計基準第32号「金融商品：開示及び表示」において，自社株式による決済を伴う債務は，株式オプション（share option）ないし新株予約権（written option or warrant on the entity's own shares）とよばれ，持分金融商品あるいは資本性金融商品（equity instrument）として，定義が与えられていた。国際会計基準第32号は，1995年に設定された後，幾度も改訂が行われてきた。まず，1995年の設定時の定義を紹介した後に，自社株式による決済を伴う債務について考察するために，国際会計基準における金融商品の分類方法について検討することにしたい。

1995年に国際会計基準第32号で定義された持分金融商品は，米国の概念基準書における資本の定義と同様に，現金または他の金融資産を引き渡す義務がないものであるとして述べられていた。

その後，1998年に，持分金融商品による決済が可能である債務のうち，その一部が金融負債に該当するという点が，国際会計基準第32号に関する修正とされた[28]。そこでは，国際会計基準第32号の第5項が修正され，金融負債に関する説明の(b)によれば，企業自身の持分金融商品の発行によって決済できるような契約上の債務（contractual obligation）の場合，支払に用いられる持分金融商品の公正価値の合計が常に契約上の債務の金額に等しくなるよう，必要な持分金融商品の数量が，公正価値単価の変動次第で変動するならば，債務の保有者は，持分金融商品を保有しながら，持分金融商品の価格変動による利得または損失にさらされていないので，金融負債として処理されるという[29]。これは，第2節でとりあげた，債務の金額があらかじめ決められているケースに相当する。ここでは，金融負債が，「金融商品を潜在的に不利な条件で他の企業と交換する義務」と定義されており，その枠内で持分金融商品による決済が可能な契約上の債務の一部が，金融負債に該当することになる。

その後2000年に規定された国際会計基準第39号「金融商品：認識及び測定」[30]
において，持分金融商品の定義がさらに詳しく述べられ，企業が発行した持分
金融商品に関するオプションが適用の対象ではないとされたものの，形式上は
持分金融商品に相当する金融商品が金融負債として処理されるケースが紹介さ
れた。そこでは，金融資産の支払または持分金融商品の形式による支払のいず
れかを選択して決済できるような債務について，持分金融商品の価値の合計が
契約上の債務の金額に等しくなるように，持分金融商品の数量が設定される場
合には，金融負債として認識されるという[31]。

なお，持分金融商品が新株ではなく自己株式である可能性も考慮し，国際会
計基準の解釈指針（Standing Interpretations Committee：SIC）第16号「資本金
―再取得された自己の持分金融商品（自己株式）」[32]において，自己株式が資本
控除として表示され，自己株式の取得・処分・消却からは損益計上が行われな
い旨が述べられている。

その後，国際会計基準第32号に関しては，持分金融商品による決済について，
2003年にも改訂が行われた。この点も詳しくみてみよう。

2　国際会計基準第32号2003年改訂における持分金融商品の定義

1990年代より国際会計基準を設定してきたのは，国際会計基準委員会
（International Accounting Standards Committee：IASC）であったが，2001年に
改組され，国際会計基準審議会（IASB）となった。以後新しく設定される会
計基準は，国際財務報告基準となるが，従前の国際会計基準第32号（2000年修
正）は，IASBにより採用された。その後，2003年に，この国際会計基準第32
号について，持分金融商品による決済に関する改訂が行われた[33]。

2003年改訂では，1998年に修正された国際会計基準第32号での金融負債の定
義が，さらに詳しく述べられているが，基本的な内容は変わっていないと思わ
れる。ただ，自己株式などの解釈指針の内容が基準本体に盛り込まれたので，
解釈指針は削除された形となっている。2003年改訂では，第11項(b)において，
金融負債について，持分金融商品で決済されるか，決済される可能性のある契
約の一部も含まれると述べられている。なお，この点は，もともと，解釈指針

第5号「金融商品の分類—条件付決済条項」[34]において規定されていた内容であったが，2003年改訂により，国際会計基準第32号の中に盛り込まれた。そこでは，金融負債がデリバティブとデリバティブ以外のものとに分類されたうえで，特に，デリバティブ以外の金融負債には，発行企業自身の可変数の持分金融商品を引き渡す義務が該当するとされ，デリバティブの金融負債には，発行企業自身の固定数の持分金融商品との交換以外の方法で決済されることが挙げられた[35]。

　以上のような金融負債の定義を踏まえて，持分金融商品の定義は，企業のすべての負債を控除した後の残余財産権を称する契約であるとされているため，負債が確定すれば，それ以外のものが持分，すなわち資本であるとされる。この2003年改訂では，第16項において，持分金融商品であるかどうかの判定について説明が行われているが，金融負債に該当しないかを判断することに主眼がおかれている。さらに，第21項から第24項までは，「企業自身の持分金融商品による決済」という小見出しをつけたうえで，持分金融商品による決済を伴う債務のうち，金融負債に該当するケースが述べられている。

　このように，持分金融商品による決済を伴う債務のうち，金融負債に該当するケースに関する説明は，国際会計基準第32号の1998年修正にすでにみられていたが，2003年改訂では，より詳細な内容となった。ただ，すでにみたように，米国FASBでは，2000年から2003年にかけて，負債の定義を同じように改訂しようとする動きがあったが，概念基準書の修正には至らなかった。

　その後，2005年には，IASBは，金融商品の会計基準のうち，開示（disclosure）に関する部分を国際財務報告基準第7号「金融商品：開示」に移すこととした。それにより，国際会計基準第32号には，金融商品の表示（presentation）に関する会計基準が残り，第32号の表題は，「金融商品：表示」に変更された。

　国際会計基準第32号の改訂は，2003年以後も続いたが，本章のテーマである自社株式による決済については，大きな改訂は行われていない[36]。ただ，2009年には，外貨建ての新株予約権に関する改訂が行われた。

　なお，2004年に規定されたストック・オプションの会計基準である国際財務報告基準第2号「株式に基づく報酬」においても，現金決済と株式決済の違いに関する議論が行われていた。

88

2010年以降は，負債と資本の区分について，IASBにより，さまざまなプロジェクトが行われ，そのたびにさまざまなアプローチが乱立しているという状態であるが，基準の改訂には至っていない。それに関する分析は，池田（2016）および徳賀（2014）が詳しい。

　以上でみたように，自社株式による決済を伴う債務については，一律に資本とみるのではなく，条件次第で負債とみようとする試みが行われてきた。負債として判断された場合，自社株式による決済を伴う債務の保有者を，債権者として位置づけてよいのであろうか。また，自社株式による決済を伴う債務を負債とみる場合，自社株式を資産とみることになるのであろうか[37]。このことが，冒頭で述べた自己株式の処理との整合性である。

第5節 ｜ 自己株式の取得と処分の観点

1　自己株式のとらえ方と自社株式による決済

　米国の会計基準や国際会計基準では，古くから，買い戻した自己株式を資本控除として処理している。日本でも，自己株式に関する取引は，現在では資本取引とされているが，かつて，商法が2001年に改正されるまでは，自己株式の取得は原則禁止であった。当時，例外的に自己株式の取得が可能であったのは，消却あるいはすみやかな処分を前提に容認された場合であり，また，1997年以後はストック・オプション目的に限り，自己株式の取得が容認された。当時の改正前の商法では，取得された自己株式を資産とみなしていた。しかし，当時，会計理論のうえでは，自己株式の取得・処分は資本取引とみられており，資産として扱った場合でも，自己株式の処分に伴う損益は発生しないと考えられていた。資本控除として処理された自己株式が処分されれば，取得金額と処分金額との差額は，資本の形で処理されると考えられた。

　現在，日本では，自己株式の取得金額と処分金額の差額を，「自己株式処分差益・差損」とよぶものの，払込資本に増減させる形で処理されている。損益という名称は，自己株式を資産とみなしていたときの名残であると思われる。

たとえば，自己株式について，取得金額を上回る金額で処分されれば，その差額は払込資本となり，新株発行と変わりはない。他方，取得金額を下回る金額で処分されると，差額だけ払込資本を減らすことになる。

しかし，すでにみたように，自社株式による決済を伴う債務に関する議論では，米国の会計基準や国際会計基準において，このような債務のうちの一部，たとえば「所有者関係を構築しないような株式発行の義務」を負債として把握しようとしていた。この解釈は，自己株式に関する会計理論上の通説とどのように両立させていくのであろうか。かつて，米国の会計基準には，自己株式を資産とみる例外規定が存在したが[38]，この規定は削除されている。

米国では，さまざまな理由で，自己株式を取得する「自社株買い」がさかんに行われてきており，日本も同様である。ハイテク企業を中心とした「株式の通貨化」にみられるように，ストック・オプションを含む自社株式による決済や株式交換による企業買収に備えて，自己株式が取得されている。米国の会計基準と国際会計基準の動向より，自社株式による決済を伴う債務の一部を負債とみる場合，自己株式の取得を資本控除とみる考え方とは両立するのであろうか。発行企業が過去に取得した自己株式を付与することにより株主となった者の立場が，問われることがあるかもしれない。彼らは「債権者」だったものの，株式の付与後は「株主」に変質しているが，実質的に「所有者関係」にあるかは問われなければならない。

2　日本の現行の自己株式の処理までの経緯
——資産計上から資本控除へ

前述のように，会計理論上では，自己株式の取得を資本取引としてみたものの，日本では，2001年の商法の改正により，自己株式の取得が原則自由になるまでは，発行企業が自己株式を取得した場合，取得金額をもって，資産の部に自己株式が計上されることとされていた。そこで，自己株式を資産とみる考え方と，自社株式による決済の関係について検討してみたい。かつて，計算書類規則では，自己株式の取得金額を資産の投資等の部に計上し，会社が保有する他の有価証券と同様に扱っていた。以前の日本のように自己株式を資産とみる

根拠は，有価証券と同様に，処分による換金の可能性であった。それに対して，会計理論の立場からは，将来の処分による換金の可能性を資産性の根拠としては認めていない。なぜなら，換金の可能性を資産性の根拠とすると，未発行の授権株式にも資産性を認めなければならず，消却されずに失効していないという理由は，資産性の根拠にならないと考えられるからである。つまり，自社株式を買い戻した企業は，資産性をもった自己株式を有しているとはいえず，株主への払い戻しを行ったことになる。

　自己株式を資産とみると，その取得と処分を通じて差額が生じる場合には，かつて，自己株式の処分に伴う損益が期間利益として認識された。たとえば，自己株式の取得が原則として自由になった2001年の商法改正の前には，1997年以後にストック・オプション目的での自己株式の取得と処分が許可されたことがあったが，当時は，自己株式の処分に伴う損益が営業外損益に属すると規定されていた[39]。

　2001年の商法改正では，自己株式の取得が原則として自由に行われることが可能となったほかに，自己株式の資産の部への計上を前提とする規定が削除され，ストック・オプション目的など取得目的ごとに定められていた取得に関する規定も削除された。さらに，自己株式の処分は，取締役会の決議をもって新株発行に準じて行うことが可能となった。これにより，会計基準上も，自己株式の処分に伴う取得金額との差額は資本の増減であり，取得された自己株式は資本控除となった。

　このように，日本では，かつて，自己株式を資産とみたので，その観点からは，自社株式による決済を伴う債務を負債とみることはできたかもしれない。しかし，会計理論上は，自己株式の取得と処分は資本取引であり，資産性は認められない[40]。日本において，新株予約権は，かつて，新株引受権という名称で，行使されるまでは払込資本から除外する目的で，仮勘定として負債の部に計上されていたこともあったが，当時は，積極的に負債として処理されていたわけではない。それに対して，2000年代はじめの米国や国際会計基準の変化の過程においては，自社株式による決済を伴う債務のうちの一部を負債とみようとしたのである。

　なお，ストック・オプション会計をめぐる米国や国際会計基準の議論では，

自己株式を資産とみなくても，新株予約権とストック・オプションを負債とみようとする議論が，2000年代半ば以降に行われていた[41]。

第6節 おわりに

　本章では，自社株式による決済を伴う債務を素材にして，負債と資本の区分について考察した。そこでは，現金などの資産ではなく自社株式の発行により決済する債務を負うことは，負債と資本のどちらにも計上しうるという議論の流れが説明された。そこでは，自社株式による決済に対する考え方とアプローチは変化しないものの，そもそも，負債と資本を区分するための考え方とアプローチが次第に変わっていったことが明らかにされた。

　自社株式による決済を伴う債務を保有する者が，「債権者」であるか「株主」であるかによって，リスクとリターンをどのように保有するかは，大きく異なる。同じ株式を持っていても，リスクとリターンを保有しないならば「所有者関係を構築しない」ということになる。2010年以後の米国FASBとIASBのプロジェクトでは，さまざまなアプローチが乱立し，まとまりのない状態のようである。

　また，第5節の最後にふれたように，自己株式を資産とみなくても，ストック・オプション会計において，2000年代半ばより，米国や国際会計基準の議論では，新株予約権とストック・オプションを負債に含めようとする議論も登場している[42]。なお，ストック・オプションの会計基準では，行使価格の修正など行使条件の変更により，資本として計上された新株予約権が修正されることが可能であり，そこでは，費用の修正と新株予約権の修正の両方が伴う[43]。かつて，新株予約権を資本とみる場合には，このような修正は不可能であるとされていたが，どのような経緯で修正が可能となったのであろうか。これらの点についても，後の章で検討することにする。

　次章では，自社株式による決済を伴う債務のうち，ストック・オプションについて，無償で新株予約権を付与する際に，何らかの費用が認識されることで貸方の新株予約権が計上される点に注目し，特に費用認識の根拠について，歴

史的に検討したい。

◆注─────────

1　FASB（1995）による。
2　FASB（2004）による。
3　AICPA（1972a）による。
4　IASB（2004）による。
5　FASB（1990）による。
6　FASB（1995）による。
7　FASB（1985a）による。
8　この論点は，FASB（1990）で展開されたが，かつて名越（1995）および名越（1999b）pp.455-456で検討された点である。その後，Ohlson and Penman（2005）において，とりあげられた。
9　名越（1999b）による。FASB（2003）paras.95-98，およびFASB（1995）paras.124-134を参照されたい。
10　FASB（2000a）による。
11　FASB（2000b）による。
12　FASB（2003）による。
13　FASB（2003）paras.9-12による。
14　FASB（2003）para.B17による。
15　FASB（2003）p.3による。
16　FASB（2005）による。
17　米国FASBのマイルストーン草案に関する先行研究として，池田（2006），池村（2006），志賀（2006）および山田（2012）などがある。
18　FASB（2005）para.17による。
19　FASB（2005）para.19による。
20　FASB（2005）para.20による。
21　以下の説明は，FASB（2005）para.23による。
22　池田（2006）による。
23　池田（2006）p.149による。
24　先行研究として，池田（2010），志賀（2010）および山田（2012）などがある。
25　FASB（2007）para.A42による。
26　FASB（2007）para.18による。
27　FASB（2007）para.20による。

28 IASC（1998a）による。

29 IASC（1998a）para.5による。また，IASC（1998a）paras.A7.-A8.も参照されたい。

30 IASC（2000a）による。

31 IASC（2000a）para.11による。

32 IASC（1998b）による。

33 IASB（2003）による。

34 IASC（1997）による。

35 IASB（2003）para.11の金融負債の定義による。持分金融商品についてはpara.16（b）およびpara.21を参照されたい。

36 IASB（2008）では，負債と資本の区分に関してはプッタブル金融商品に関する改訂が行われたが，自社株式による決済とは直接の関係はないため，とりあげないこととする。プッタブル金融商品など2008年の改訂については，池田（2016）pp.62-65を参照されたい。

37 この点に言及したものとして，椛田（2001）および名越（2001）がある。

38 例外規定として，AICPA（1965）para.12bにおいて，かつて，自己株式の資産計上が許可されていた。

39 1997年にストック・オプションが許可された際，ストック・オプション目的で自己株式の取得が認められた。当時の会計上の指針は，日本公認会計士協会（1998）6.による。また，名越（1999b）を参照せよ。

40 この点につき，自己株式に関する取引が資本取引であるので，これ以上議論は行われないという考え方もある。たとえば，池田（2016）pp.121-122を参照されたい。

41 この点につき，詳しくは，野口（2008）pp.51-52および田中（2011）pp.23-26を参照されたい。

42 Ohlson and Penman（2005）を参照されたい。さらに斎藤（2006）と野口（2008）による。

43 この点につき，野口（2008）および名越（2007）を参照されたい。

95

第5章

米国のストック・オプションの会計基準の変遷にみる費用認識の根拠と税効果会計

第1節 はじめに

　ストック・オプション報酬として無償で新株予約権が付与される場合，付与から権利確定まで一定期間をおくことがほとんどである。この期間を労働提供期間であるとみなすことで，ストック・オプションは労働の提供に対して付与されるものであり，この労働提供に対して何らかの報酬費用が認識されるべきであると考えられるようになった。この点が，ストック・オプションに関して報酬費用を認識する考え方の主な根拠であろう。

　このように，ストック・オプションの付与にあたって報酬費用を認識しようとする立場からは，労働を受け入れることで報酬費用の発生を説明することができるとされてきた。他方，報酬の性質をもたないストック・オプション・プランは非報酬プラン（noncompensatory plan）として位置づけられており，それは単なる資本取引であるから一切の費用認識を行わないという考え方も存在した。加えて，ストック・オプションの付与と行使が資本取引であることを理由に，費用が一切発生しないという考え方も示された。

　ストック・オプションに関する会計基準をめぐっては，米国では，費用認識を前提として，公正価値に基づいた測定が行われるべきか否かが焦点とされ

て1990年代と2000年代に激しい議論が行われてきた。しかし，ストック・オプションに関する費用認識の根拠について，歴史的にみてどのような説明が行われてきたのであろうか。本書の第2章では，複合金融商品の発行時に区分処理された場合に計上される新株予約権の性質を議論し，第4章では，決済手段としてストック・オプションを用いる際に計上される新株予約権の性質を検討してきた。そこでの議論に対して，本章では，ストック・オプションの会計基準で先行してきた米国基準の変遷をたどり，どのような形で報酬費用の認識が議論されてきたのかについて分析したい。加えて，ストック・オプションの付与に伴う米国基準の税効果会計の変遷を通して，資本計算と損益計算に関する検討を行っていきたい。

第2節 | ARB第43号第13章Bにおけるストック・オプションの費用認識 —— 報酬プランと非報酬プランとの区別（1953年）

　米国において，はじめてストック・オプションに関する会計基準が設定されたのは，1948年であり，会計研究公報（Accounting Research Bulletin : ARB）第37号「ストック・オプションの形態による報酬の会計処理」[1]であった。それが修正され，1953年に，ARB第43号第13章報酬におけるセクションB「ストック・オプションと株式購入プランに関する報酬」[2]が規定された。1953年に規定された基準の一部は，ストック・オプションの費用計上の方法が規定された現行の2004年の基準が設定される前までは，有効であった[3]。その意味で，この1953年の基準を検討することにより，ストック・オプションに関する費用認識のルーツをたどることができるかもしれない。そこで，現行のようなストック・オプションの公正価値を費用認識する方法が提案される前の段階では，ストック・オプションに関する費用認識のロジックがどのようなものであったのかをみていくことにしよう。

　まず，この基準における基本的な立場は，ストック・オプションに関して測定可能な報酬金額が伴う場合には，企業が受け取った労働サービスのコストが認識されるべきであるということである[4]。また，そこでは，報酬費用を認識しない場合，利益の過大計上につながる可能性があると指摘され，問題提起

がなされていた。しかし，すべてのストック・オプションについて，報酬費用の計上を要求するのではなく，報酬の性質をもつストック・オプションのみが，報酬プラン（compensatory plan）として定義され，費用計上が規定された。逆に，報酬の性質をもたない非報酬プラン（noncompensatory plan）については，労働が提供された取引とはみなさず，増資のための手段，あるいは取締役・従業員の自社株式の保有を促進するための手段として位置づけられていた[5]。そこでは，単なる資本取引とみなされていたのである。

　では，報酬プランか非報酬プランかは，どのような基準で区別されるのであろうか。ARB第43号では，非報酬プランに該当するストック・オプションの付与の例が示されていた。報酬であるか否かは，ストック・オプションの付与時に報酬の意図があるかないか，さらに付与時に何らかの義務が存在するかどうかによって判断されるという。ただし，具体的な判定基準は説明されておらず，例として，一般株主公募で必要とされるよりも，株式発行時の払込における割引の金額が大きくない場合には，報酬に該当しないと考えられていた[6]。逆に，報酬プランに該当する例として，行使日に取締役・従業員に一定の条件を求めること（退職していないこと）や一定の義務を負わせること（取得した株式の売却に制限をつけること）などが挙げられていた。

　また，従業員株式購入プラン（employee stock purchase plan）については，株式の購入金額が，資金調達の際に合理的に設定される金額よりも低いということがないのであれば，報酬の性質をもたないと考えられた[7]。逆に，資金調達の際に合理的に設定される金額よりも低い場合には，特に有利な発行が行われるとみて，報酬とみなされた。

　ARB第43号では，報酬プランにおいて費用を認識する場合の会計処理は，付与日の株価が行使価格を上回る金額である本源的価値（intrinsic value）を報酬費用として配分することである。しかし，ARB第43号では，本源的価値を測定する際，いくつかの測定日を候補として議論を行っていた。そこで議論された測定日は，ストック・オプションの採用日，付与日，権利確定日，権利行使可能期間の初日，行使日，行使により取得した株式の売却日という6通りであった[8]。

　このうち，ストック・オプションが実際に付与されるまではオプションの効

力はないという理由で，測定日は付与日以降になると考えられた。また，行使日を過ぎると，取締役・従業員はすでに株主になっており労働サービスの提供とは無関係であるため，報酬費用の認識には結びつかない[9]。さらに，行使日についても，権利行使可能期間の初日を迎えると，取締役・従業員は行使のタイミングを判断するために投資家として行動すると考えられるので，労働サービスとは無関係であるとされた[10]。したがって，測定日の候補は，付与日，権利確定日，権利行使可能期間の初日のいずれかとなった。

ただ，権利確定日と権利行使可能期間の初日は同じ日であるとみてさしつかえない。むろん，前者の後で後者が設定されることもあるが，両者を同じ日とみて，議論をすすめてもかまわないと思われる。実際，ARB第43号では，両者を同じ日とみたうえで，最終的に，付与日か権利確定日かのどちらの日に費用を認識するかについて，議論がすすめられた[11]。まず，ストック・オプションのように報酬が現金支払以外の形式で行われる場合，報酬金額は，労働サービスと引き換えに付与されることに合意した財産の公正価値（fair value）であると考えられており，この公正価値を算定する日は，会社のコストの算定の面から，付与日が適切であると述べられていた。その理由は，報酬に関する決定の際，付与日における価値を考慮にいれているからであるとされた[12]。

また，ストック・オプションの行使に際して，取締役・従業員に，勤務の継続に関する条件が付いた場合も，付与日における価値を会社にとってのコストとすることについて，議論が行われていた。ストック・オプションが付与されても，何らかの条件が付けられていることで，すべてが権利確定となるとは限らない場合には，付与日ではなく権利確定日での測定が支持されると思われる。しかし，ARB第43号では，この点につき，会社と取締役・従業員の双方にとって，報酬金額は，雇用契約を結んだ日のオプションの価値であるとみており，また，権利確定や行使に際して条件付きである場合でも，その条件の決定は付与日の状況に基づいて行われていることから，会計上の報酬金額は付与日のオプションの価値であるという判断がくだされていた[13]。

ARB第43号では，ストック・オプションを付与した場合，付与日の株価が行使価格を上回る金額が報酬金額とされ，その金額が「労働サービスを提供する期間」にわたって費用配分されるとともに，同じ額が「払込資本—ストッ

ク・オプション」として計上されることになった[14]。この時期に，ストック・オプションとして貸方に認識された金額は，会計基準上，払込資本とされていた。なお，付与日に測定されたオプション価値に等しい報酬金額は，即時に全額が費用として認識されるのではなく，「ストック・オプションと引き換えに取締役・従業員が労働サービスを提供する期間」にわたって費用配分されるという。もし，ストック・オプションの付与の際に作成される契約書に，このような期間が明記されていないならば，状況に応じて配分期間が見積もられることになる。

このように，ARB第43号では，ストック・オプションの付与に伴い費用を認識する考え方と，ストック・オプションが払込資本として行使前から計上される考え方がすでに示されていたが，報酬プランと非報酬プランとを区別する具体的な基準は，後の会計原則審議会（Accounting Principle Board : APB）意見書（Opinion）第25号「従業員に対して発行された株式の会計」[15]において規定された。

なお，ARB第43号では，費用配分される報酬金額が本源的価値法（intrinsic value method）に基づいて計算されるよう規定されたが，ストック・オプションのように，現金支払以外の形式で報酬が支払われたとき，その金額は，付与された財産の公正価値に等しいとされると述べられているので，ストック・オプションの付与の場合にも，公正価値で測定されるとして解釈されるように思われる。確かに，行使価格が付与日の株価を上回る金額で設定される場合にも，市場性のあるオプションについては取引市場があるため，時価が存在する。しかし，ストック・オプションのように，譲渡制限がついていたり権利確定まで期間をおくものについては，当時は，公正価値を測定するための客観的な方法がないとされていた。したがって，行使価格が付与日の株価を上回る金額で設定されたストック・オプションについて，付与された取締役・従業員は，相当の価値を見いだしているが，当時においては，算定方法はないとされていた[16]。また，ストック・オプションに関して，取締役・従業員が相当の価値を見いだしても，会社の立場からは測定可能のコストが発生したとはいえないという。この点について明確な説明はされていないものの，結果的に，行使価格が付与日の株価を上回って設定される場合には，本源的価値はゼロであるので，報酬

費用が認識されないこととなった[17]。

　他方，行使価格が付与日の株価を下回るように設定されたストック・オプションは，ARB第43号では報酬費用が認識されるが，付与された取締役・従業員にとってのストック・オプションの価値と会社にとってのコストは，ともに本源的価値に等しいと考えられていた[18]。ARB第43号でのストック・オプションの本源的価値を報酬金額とする考え方は，APB意見書第25号に受け継がれていったのである。

第3節　APB意見書第25号における費用認識
——報酬プランと非報酬プランとの区別（1972 年）

　APB意見書第25号では，ARB第43号における報酬プランと非報酬プランとを区別する考え方を踏まえて，両者を区別するための具体的な基準が設定された。そこでは，まず，非報酬プランの定義が与えられたが，以下の4つの条件をすべて満たした場合に，非報酬プランに該当するとし，費用を認識しないこととした[19]。この4つの条件は，以下のとおりである。

> 1．ストック・オプションが，一定の雇用条件にあてはまる，実質上すべてのフルタイムの従業員に付与されること（社外流通株式の一定割合を保有する従業員・取締役は除外されてよい）
> 2．ストック・オプションが，給料・賃金の一定割合を基準にして，あるいは平等に，付与されること（従業員がストック・オプション・プランを通じて購入できる株式数に対して制限を設けてよい）
> 3．ストック・オプションの権利行使期間が合理的な期間に制限されること
> 4．行使価格に関して，株価からの割引金額が，株主またはその他の人々に対して発行する場合よりも大きくはないこと

　以上の4つの条件をすべて満たさない場合には，非報酬プランに該当せず，報酬プランとして費用認識の対象となる。4つめの条件については，ARB第43号で挙げられた非報酬プランの例と同様に，一般株主公募で必要とされるよりも割引金額が大きくないということと同義である。ここで，「割引金額

が大きくない」という場合，どの程度が基準になるのであろうか。非報酬プランの一例として挙げられたのは，米国の税法である内国歳入法（Internal Revenue Code）第423条（Section 423）における「適格な従業員株式購入プラン」（statutory or qualified employee stock purchase plan）であり，割引の限度は，付与日の株価から15％の割引であるとされた[20]。APB意見書第25号での非報酬プランは，付与日に行使条件が決定されるストック・オプション（固定型ストック・オプション）を対象とし，内国歳入法第423条の適格要件をそのまま採用した。つまり，行使価格が付与日の株価の85％を下回らない金額で設定されるなら，上記の4つめの条件を満たすことになり，合わせて，他の3つの条件を満たすならば，ARB第43号の考え方と同様に，資本取引として処理される。

　報酬プランに該当する場合には，APB意見書第25号に従えば，ストック・オプションの行使条件が決定される日を測定日として，本源的価値を報酬金額として算定する[21]。ただし，測定日に全額が費用認識されるのではなく，ARB第43号と同じく「労働サービスの提供期間」（service period）にわたって費用配分される[22]。前述したように，ストック・オプションの付与に際して取締役・従業員との間に交わされる契約書の中に，このような「労働サービスの提供期間」が明記されていない場合には，過去のケースから推定するなどして配分期間を決定する。

　もし，測定日に算定された報酬金額の全額が費用配分されないうちに，取締役・従業員がストック・オプションを行使した場合には，どのような処理が行われるであろうか。この状況下では，行使日の段階で，まだ労働サービスの提供が終了していないということになる。たとえば，測定日に，報酬金額がAとして算定されたうえで，行使日にはBが費用として配分されているとすると，測定日から行使日までを通じて，以下のように処理される。

　　報酬費用　　　B　／　払込資本　B

　ここで，報酬金額Aのうち，費用配分されていない金額は（A−B）であるが，それはどのように処理されるのであろうか。APB意見書第25号では，資本控除の形で独立した勘定で計上するものとされた[23]。なお，先に費用配分された金額Bは，払込資本に振り替えられていた。ストック・オプションが行使され

た時の現金での払込金額をMとすると，付与された取締役・従業員が行使日に
行使価格に基づいてMを払い込むことになる。そのときの処理を示すと，以下
のようになる。

資本控除　A−B　／　払込資本　A−B＋M
現金　　　　M　／

　結果的に，行使日までに認識される払込資本の金額は，測定日に算定された
報酬金額Aと行使日に払い込まれる金額Mとの合計である。資本控除として認
識された（A−B）は，後に，労働サービスの残りの提供期間にわたって費用
配分されることになるという[24]。つまり，以下のように処理される。

報酬費用　A−B　／　資本控除　A−B

　つまり，労働サービスの提供期間の終了日までには，報酬金額Aがすべて費
用配分されることになる。
　前述したように，APB意見書第25号は，それに先立つARB第43号第13章Bの
考え方を受け継ぎ，会計基準としての精緻化を達成しようとした。そこでは，
報酬プランと非報酬プランの区別のための具体的な基準が規定され，報酬金額
は，行使条件が決定された日の株価が行使価格を上回る金額，つまり本源的
価値であるとされた。費用配分は，労働サービスの提供期間を推定したうえで，
その期間にわたって行われる。本源的価値を費用配分することから，行使価格
が測定日の株価よりも安く設定されるストック・オプションについてのみ，報
酬費用が認識されることになる。しかし，ストック・オプションは，株価上昇
へのインセンティブを取締役・従業員に働きかけるものであるから，付与日に
行使条件が決定されるような固定型ストック・オプションの場合，行使価格は
付与日の株価を上回って設定されるのが一般的であろう[25]。この場合には，報
酬プランであっても，報酬費用が全く認識されないことになる。また，前述し
たように，報酬プランと非報酬プランとの区別のための基準は，内国歳入法第
423条における従業員株式購入プランにおける課税繰延のための適格要件をそ
のまま採用している。
　なお，ARB第43号との大きな違いは，報酬金額の測定が付与日に限定され

第5章　米国のストック・オプションの会計基準の変遷にみる費用認識の根拠と税効果会計　*103*

ない点である。APB意見書第25号では，付与日以降にオプション数や行使価格といった行使条件が決定されるような変動型（variable）ストック・オプションの場合には，行使条件の決定日を測定日として，その日の株価が行使価格を上回る金額を報酬金額とした。

　したがって，行使価格が同じストック・オプションであっても，固定型か変動型かで，測定日の株価次第で報酬金額が異なることがある。たとえば，固定型ストック・オプションにおいて行使価格を付与日の株価以上に設定することで報酬金額がゼロとなるのに対して，同じ行使価格の変動型ストック・オプションでは，行使条件が決定した測定日の株価次第で報酬金額が算定されるのである。このような固定型と変動型の違いが報酬金額の算定と費用認識に影響を与える点も，以後問題となった。

第4節　FASB公開草案における費用認識 ——公正価値の算定と前払報酬の資産計上（1993 年）

1　公正価値法での報酬金額の算定と払込資本

　これまでみてきたように，ARB第43号とAPB意見書第25号では，ストック・オプションが報酬プランか非報酬プランかによって，報酬費用の認識が行われるか否かが決定された。報酬か非報酬かの区別は，内国歳入法での課税繰延のための適格要件を含む諸条件にてらして判断され，報酬プランに該当するストック・オプションのみが費用認識された。また，その際の報酬金額は，本源的価値とされた。前述のように，行使価格が付与日あるいは行使条件の決定日の株価以上で設定される場合，本源的価値はゼロであるから報酬費用も認識されないこととなった。

　そのようなストック・オプションの会計基準に対して，米国FASBは，1984年に，改訂のためのプロジェクトを開始した。この結果，1993年には，本源的価値に代わり，ストック・オプションの公正価値を報酬金額として付与日に算定して費用配分する方法を規定した公開草案（Exposure Draft）が提出されたのである[26]。この公開草案は，APB意見書第25号で行われたような報酬

プランと非報酬プランとの区別を行わず，すべてのストック・オプションを対象に，報酬金額を公正価値法（fair value method）に基づいて算定しようとしたのである[27]。この会計基準の適用範囲は，従業員のみならず，財・サービスの供給者すべてであるとされた。たとえば，独立契約当事者（independent contractor）や取引業者（supplier），社外取締役（outside director）までを含んでいた。このように，FASB公開草案は，APB意見書第25号とは異なり，ストック・オプションを従業員のための報酬に限定せず，財・サービスの支払に自社株式を用いたケースまでを想定し，その会計処理を規定していた[28]。

　米国のストック・オプションに関する会計基準では，株式関連報酬のひとつとして，ストック・オプション制度が含まれる形で規定されていた。株式関連報酬の定義の中には，ストック・オプションの他に，自社株式をそのまま支給するケースや株式の値上がり分を現金または株式で支給する株式評価益受益権（Stock Appreciation Right : SAR）も含まれていた。1980年代に，ストック・オプションに関する会計基準の改訂作業が，報酬費用を公正価値法に基づいて算定しようと始まった段階で，広い意味での株式関連報酬が対象となっていた。なお，1993年のFASBの公開草案のころから，「株式に基づく支払」（stock-based payment or compensation）という言葉が用いられていた。株式関連報酬は「株式に基づく支払」と同義であり，取締役・従業員に対する報酬にとどまらずさまざまな支払の決済に，自社株式あるいはストック・オプションが用いられることを意味する。

　たとえば，棚卸資産や固定資産を購入し，支払に自社株式を用いたとしよう。購入金額が明示されていれば，その金額に等しい時価総額の自社株式が付与されることになる。これはいわゆる現物出資が行われたとみることができるので，以下のように処理される。

　　　棚卸資産　　　　　／　払込資本
　　　固定資産　　　　／

　もし，自社株式そのものではなくストック・オプションの形で付与されれば，購入した資産の金額に等しい時価総額のストック・オプションが付与され，以下のように処理される。

| 棚卸資産 | / | ストック・オプション―払込資本 |
| 固定資産 | | |

　第4章でもみたように，基本的に，財・サービスの購入において持分証券が付与される場合には，受け取った資産の公正価値あるいは発行した持分証券の公正価値のいずれか信頼できる数値をベースにして測定が行われる。上の棚卸資産と固定資産の購入のケースでは，受け取った資産の公正価値に基づいて，払込資本の金額が決められた。他方，株式交換による企業買収のように，被買収企業から受け入れた資産の公正価値よりも，発行した株式の公正価値のほうが信頼できる数値である場合には，株式の公正価値に基づいて，資産の取得価格が決定される[29]。

　この議論を，従業員に対して付与されるストック・オプションに適用すると，報酬金額がすでに決定されている場合には，その金額に等しい時価総額のストック・オプションが付与されるであろう。たとえば，報酬金額Aの支払にストック・オプションを用いた場合，Aに等しい公正価値のストック・オプションを付与することになるので，以下のように処理される。

| 報酬費用　A | / | ストック・オプション―払込資本　A |

　しかし，実際には，ストック・オプションを付与する際には，支払金額を決めた後にそれに等しい公正価値のストック・オプションを用意するとは限らない。むしろ，行使価格や付与するオプション数といった条件を決めることが一般的である。その場合には，株式交換による企業買収と同様に，まず発行した持分証券の公正価値を計算し，それを報酬費用の金額とすることになる。

　この点については，ストック・オプション制度によらなくても，新株予約権を発行したうえで，後に買い戻し，それを従業員に付与する場合を想定して考えることができる。このようなケースは，第1章第4節で言及したソニーの擬似ストック・オプションに該当するが，そこでは，新株予約権の買い戻しの際にキャッシュ・アウト・フローが伴う[30]。この金額は，新株予約権の時価，すなわち公正価値に等しく，報酬費用として認識される。この議論を通常のストック・オプションに適用すると，新株予約権の公正価値を報酬費用として認

識することは問題のないことのように思える。

　しかし，通常のストック・オプションの場合，公正価値は，オプション・プライシング・モデルに依存して決定され，キャッシュ・アウト・フローは伴わない。1オプションあたりの公正価値は，行使価格，オプションの有効期間，付与日の株価，予想される株価変動幅（ボラティリティ：volatility），予想される配当，リスク・フリー・レートなどによって算定される。それに加えて，報酬として付与されるストック・オプションは，通常の新株予約権と異なって，譲渡の禁止や退職によるストック・オプションの行使制限など失効に関する事項が契約で決められていることが多い。したがって，公正価値法に基づく報酬費用の配分金額の算定においては，このような要素を織り込むことになる。

　この点については，第4章第2節で説明したように，譲渡の禁止については，ストック・オプションを付与された取締役・従業員の換金手段が権利行使に限定されることを意味するので，オプションの存続期間は，契約による有効期間よりも短くなる。したがって，オプション・プライシング・モデルの説明変数である「オプションの有効期間」を「オプションの予想される存続期間」におきかえたうえで，1オプションあたりの公正価値が計算される[31]。付与されたストック・オプションの公正価値は，そのように計算された1オプションあたりの公正価値にオプション付与数を乗じて計算されるが，次に，退職による行使制限など失効の比率を見積もり，その比率を差し引いたオプション数を乗じることになる。

　むろん市場性のある新株予約権やオプションにおいても，市場が完備していればオプション・プライシング・モデルによる公正価値と市場価格は一致する。モデルの設計によって数値が大きく異なることがあるが，公正価値の考え方は報酬費用の測定方法として説明力を十分有していると考えられてきた。

　以上の考え方が，公正価値法に基づく費用認識であり，行使条件が決定された段階で，ストック・オプションの公正価値が計算される。ただし，米国FASBの公開草案では，このストック・オプションの公正価値について，費用配分に先立ち，前払報酬という資産として計上されることが規定されていた。この点につき，詳しくみてみよう。

2 公正価値法での報酬金額の資産計上
――前払報酬としての位置づけと資産性

米国FASBの公開草案では，もし，ストック・オプションの公正価値がPとして算定されれば，それが前払報酬として資産計上されることとされていた。そこでは，払込資本の増加も認識されるので，以下のように処理される。

　　前払報酬　P　／　ストック・オプション―払込資本　P

前払報酬が資産計上された後に，費用が認識されることになるので，その後は以下のように費用配分されると考えられた。ここでは前払報酬として認識された金額であるPのうち，Qが費用配分されるとする。

　　報酬費用　Q　／　前払報酬　Q

では，費用配分される期間は，APB意見書第25号と同じく「労働サービスの提供期間」なのであろうか。公開草案では，原則として，報酬金額の費用としての配分期間を「労働サービスの提供期間」としながらも，それが短い期間に設定されていない場合には，権利確定日までの期間に配分するように規定されたのである[32]。

ストック・オプションの付与により，報酬費用が計上されるとはいえ，FASBの概念基準書第6号「財務諸表の要素」で与えられた費用の定義をみると，「実体の進行中の主要なまたは中心的な営業活動を構成する財貨の引渡もしくは生産，用役の提供，またはその他の活動の遂行による，実体の資産の流出その他の費消もしくは負債の発生である」と述べられている[33]。この費用の定義の中には，資本の増加はない。となると，「ストック・オプション―払込資本」が増加すると同時に報酬費用が認識されることは，問題とはならなかったのであろうか[34]。

このような点を意識して，公開草案では，ストック・オプションの公正価値を費用として配分する前に，前払報酬という形で資産の拠出があった上で，払込資本が増加すると考えられたのである。そこでは，報酬費用の認識が前払報酬の取り崩しによって行われることになり，費用の認識と払込資本の増加は結

びつかない。この考え方は，棚卸資産や固定資産を購入し，支払にストック・
オプションないし自社株式を用いた場合の処理と同じである。資産を購入した
場合，購入金額が借方計上されたうえで，それに等しい金額が払込資本として
計上される。仕訳は以下のようになる。

　　棚卸資産　　　／　ストック・オプション―払込資本
　　固定資産　　　／

　この処理では，棚卸資産が売却されれば売上原価が費用計上され，固定資産
は減価償却に従って費用配分される。公開草案では，この資産の取得と費用配
分のプロセスを，ストック・オプションの付与に適用し，前払報酬を資産計上
することを提案したのである。
　しかし，ストック・オプションの付与に伴って認識される前払報酬は，資産
の定義をみたすのであろうか。米国FASBの概念基準書第6号における資産の
定義をみると，「資産は，過去の取引または事象の結果として，ある特定の実
体により取得または統制されている，発生の可能性の高い将来の経済的便益で
ある」という[35]。ストック・オプションの付与による労働サービスの受け入れ
は，この定義をみたしているのであろうか。ストック・オプションの付与によ
り，取締役・従業員が用役を提供することについて，企業に対して約束された
わけではない。ストック・オプションの付与は，取締役・従業員に対して，株
価に連動した報酬を約束するものであり，彼らが株主の利益に近づく形で株価
を意識した働きをするようインセンティブを提供するだけである。このような
考えからすれば，前払報酬は，FASBの概念基準書第6号における資産の定義
による「取得または統制されている」経済的便益はあてはまらないとされたの
である。結果として，公開草案の発表後に基準化されたFASB基準書第123号
では，前払報酬の資産計上は採択されなかったのである[36]。
　ただ，ストック・オプションがインセンティブのためのものであって，強制
力がないもののように考えられると，新株予約権の無償付与自体を費用計上す
る処理の意味についても，問われることになるかもしれない。しかし，ストッ
ク・オプションの付与段階で用役の提供はなくても，権利確定日までの期間に
わたって用役の提供が行われると考えることもできる。公正価値を費用配分す

第5章　米国のストック・オプションの会計基準の変遷にみる費用認識の根拠と税効果会計　*109*

る方法はこのように説明することができるが，前述したように，付与されたからといって用役の提供が約束されていないという状況をどのように考えるかについても論点になるであろう。

3　ストック・オプションの公正価値の測定時期に関する議論

　米国FASBは，公開草案を作成する前，一時，ストック・オプションの報酬金額である公正価値の算定時期を，付与日あるいは行使条件が決定される日ではなく，権利確定日など行使可能となる日にしようとしたことがあった[37]。理由は，行使可能となるまでは，ストック・オプションが報酬として有効であるとは限らないので，付与日段階で計算されたストック・オプションの価値を費用配分すべきではないと考えられたからである。

　そこでは，オプション・プライシング・モデルにおいて，付与日の株価の代わりに，行使可能となる日の株価が用いられてオプション価値が算定されることになった。また，付与されるオプション数の代わりに，行使可能なオプション数がモデルに用いられるので，失効に関する確率的な予測が，行使可能となる日の前については不要となり，モデルの正確さは強まる。この観点からも行使可能となる日に測定を行う方法は，かなりの支持を得ていた。

　しかし，FASBの公開草案の作成の段階で，この考え方は選択されなかった。特に，付与日段階での公正価値の測定が支持される根拠は，前払報酬を資産として計上することから，ストック・オプションのような譲渡不可能という条件で付与され失効の可能性もありうる持分証券が発行された時点で，費用の配分金額である資産の測定が行われるとされた点である[38]。しかし，後のFASB基準書第123号では，前払報酬の資産計上が否定されたので，公開草案での付与日段階での測定に対する支持の理由とされた，資産の計上はなくなっていた。そこで，改めて，付与日段階での公正価値の測定になぜこだわるかについて，問題となるであろう。

　公開草案の発表の前だけではなく，発表後も引き続き，付与日段階での報酬金額の測定が問題となり，行使可能となる日に測定する方法が再度検討されたこともあった。ただし，これは概念上の優位性によるものではなく，付与日

段階での測定に関する欠点や問題点を解決するためであった[39]。つまり，オプション価値を正確に見積もる方法の改善に焦点があてられていた。最終的には，付与日にオプション価値を測定することになり，退職による失効についての見積りに関しては，行使可能な権利確定日に調整することとなったのである。そこでは費用認識を権利確定日までに終えることとされていた。

　他方，オプション価値の正確さを追求する動きと関連して，付与日段階では，退職による失効に関する正確な見積りができないことを理由に，行使日に公正価値を測定する考え方も支持されていた。これは，退職による失効について，推測によらず事実に基づくという立場である。ただ，方法論でいえば，付与日に測定も処理も行わないというわけではない。ここでは，いったん付与日にオプション価値を計算して報酬金額を決定し，行使可能となるまでの期間にわたって費用配分する。その後，実際に行使された日に，オプション価値を再計算し，その金額が報酬金額となるように修正するのである。となると，行使可能となるまでの期間にわたって認識された報酬費用を，さかのぼって修正することになる。

　このように，付与日に一度計算したオプション価値をのちに修正するとなると，払込資本として認識される金額も評価替えすることになる。つまり，貸方に計上されたストック・オプションの性質が問題となる。ストック・オプションは持分証券として処理されている。なぜなら，ストック・オプションは，資産にあたらない自社株式を引き渡す義務であるため，負債に該当しないからである[40]。このように，ストック・オプションが持分であるなら，いったん付与日に計上したものを行使日に再評価することは，株主持分が再評価されない現行の会計ルールとは矛盾する。このことから，行使日における測定は放棄されたのである[41]。

　ただ，この評価替えは，行使日における測定だけではなく，行使可能日，すなわち権利確定日における測定でも問題になるはずである。というのは，付与日から行使可能までの期間にわたって報酬金額が費用としていったん配分されてから，行使可能日にオプション価値が再計算されるからである。しかし，行使可能日に一度報酬金額をオプション価値だけ認識し費用配分してしまえば，ストック・オプションの払込資本の評価替えの問題は発生しないとされた。ま

た，行使可能日における修正に関しては，株価ではなく，失効などの見積りの変更が対象だったため，評価替えには該当せず，単なる修正として解釈されていた。

　以上のように，行使日における公正価値の測定を棄却した点については，現行の会計ルールとの整合性，特に資本と負債の概念との整合性が問題となった。つまり，ストック・オプションを資本としてとらえる点である。議論の中には，情報面から，行使日に公正価値を測定して報酬金額を再計算するほうが優れているという意見もあったが[42]，基準書第123号の設定段階でも，引き続き議論が続けられていた。

第5節　FASB基準書第123号（改訂前）での費用認識と払込資本の増加
——APB意見書第25号の適用が認められる範囲（1995年）

1　FASB公開草案における公正価値法との違い
——前払報酬の資産性をめぐる議論

　前述のように，FASB公開草案では，ストック・オプションについて，公正価値法に基づく費用認識を規定するよう提案が行われた。しかし，この公開草案に対しては，費用認識による利益の減少を嫌う企業から反対運動が行われ，その影響で，基準書第123号の設定時には，公正価値法による費用認識は強制適用されなかった。FASB基準書第123号「株式に基づく報酬の会計処理」[43]は，1995年に基準化されたが，2004年に改訂されるまでは，APB意見書第25号の適用による本源的価値法に基づく費用認識も併行して認められていたのである。ただし，APB意見書第25号を適用する場合であっても，注記において，ストック・オプションの公正価値を開示するよう要求されていた。

　FASB基準書第123号の適用により，多くの企業は，ストック・オプションの付与に伴う費用認識を回避するために，APB意見書第25号による本源的価値法に基づく計算を選択するものと予想され，実際，多くの企業はそのように会計方法を選択した。これは，会計基準の経済的影響を意識した行動であった。しかし，基準書第123号における公正価値法は，公開草案とは少し異なるとこ

ろがあり，また，APB意見書第25号の適用が認められた範囲は，極めて限定
的なものであった。

　まず，前述のように，公開草案では，ストック・オプションの公正価値が前
払報酬という資産として付与日に計上されたうえで費用配分される処理が提案
されていた。この処理が，基準書第123号においても規定されたのかをみてみ
よう。公開草案では，APB意見書第25号のように費用認識の際に払込資本の
増加が認識された点を問題視し，払込資本の増加の際に，費用ではなく前払報
酬を資産として計上することが提案されていた。しかし，ストック・オプショ
ンの公正価値の算定により計上される前払報酬が資産の性質を持つかが問題に
なり，基準書第123号では，前払報酬の資産計上は否定されたのである[44]。も
ともと，公開草案における前払報酬の資産計上に関する提案は，ARB第43号
以来行われている費用認識と払込資本の増加の結びつきに対する疑問から行わ
れたのであるが，公開草案から基準書第123号に至る検討過程において，どの
ような議論が行われたのであろうか。

　基準書第123号では，FASB概念基準書第6号における費用の定義が注目さ
れた。概念基準書第6号では，費用について，「資産の流出・利用あるいは負
債の発生による」と定義されていた。基準書第123号の設定過程では，この費
用についての定義により，ストック・オプションの付与は，負債の発生にあ
たらないから費用は発生すべきではないという意見があった[45]。また，ストッ
ク・オプションの付与が資本取引であるから一切費用は発生しないという考え
方も示された[46]。

　それに対して，ストック・オプションが持分証券であるとした上で，持分証
券が価値のある金融商品であり，対価と引き換えに発行されているという反
論が出された[47]。対価は，たいてい，現金あるいは何らかの資産であるが，ス
トック・オプションの場合には労働サービスが対価となる。現金以外で受け
取った資産は，どのような形態をとるにしろ結果的に費用化されるため，対価
として受け取った労働サービスも費用化されると考えられたのである。持分証
券の発行と引き換えに受け取った資産が費用化されるならば，報酬費用の認識
も同様に説明されてよい[48]。

　一般的に，払込資本の増加の際には費用は計上されない。認識された費用に

等しい金額の留保利益を資本に組み入れることになるからである[49]。それにもかかわらず，無償で付与される新株予約権やストック・オプションの公正価値を報酬費用として認識するには，労働サービスの受け取りが前提となるであろう。

ARB第43号およびAPB意見書第25号のように，測定日の株価が行使価格を上回る金額で報酬金額を測定しようとする本源的価値法は，株価をベースにした測定方法ではある。しかし，株式関連報酬は，行使日の株価がベースとなるであろう。むろん，これは事後の結果として，行使日の株価よりも割安な行使価格で株式を交付することで報酬が与えられたという意味であるので，報酬金額を，行使日の株価から行使価格を差し引いた金額として位置づけることができる。では，なぜこの差額が報酬費用として認識されないのであろうか。ストック・オプションの行使時には，株式の有利発行が行われるので，旧株主から新株主へと富の移転が起こる。これは価値の再分配であるから，旧株主の損失を認識することは会計上行われない。しかし，概念上は，有利発行の割引分を機会費用として把握することも考えられよう[50]。これは，ストック・オプションを負債とみる考え方でもあった。

ストック・オプションの公正価値が計算される際，オプション・プライシング・モデルでは，行使日の株価と行使価格との差額を予想して，それを現在価値に割り引いたものをオプション価値としている。これは，旧株主の損失である機会費用にあたるわけではないが，事後の結果として行使日の株価と行使価格との差額に対応しているともいえる。

2　APB意見書第25号による本源的価値法の適用が認められた範囲

前述したように，基準書第123号においては公正価値法が推奨されたが，他方で，APB意見書第25号による本源的価値法の適用が認められていた。しかし，これは，公開草案で提案された公正価値法への強い反対意見に対する妥協の産物であり，実際には，本源的価値法の適用範囲は限定されていた。この適用範囲については，後の2000年に，FASB解釈指針第44号「株式関連報酬を伴う取引に関する会計処理－APB意見書第25号の解釈」[51]において規定された。

繰り返しになるが，ARB第43号およびAPB意見書第25号においては本源的価値法に基づく費用認識が規定されていたが，それは一定の基準によって判定された報酬プランに限定されていた。ただ，非報酬プランの判断は極めて厳格に行われていたので，ほとんどが報酬プランに該当した。

それに対して，FASB公開草案で公正価値法による費用認識が提案された際，その適用範囲は持分証券を用いたすべての支払であった。「報酬」（compensation）とは，従業員に限定されず，社外取締役，独立契約当事者，取引業者への支払までを意味した。ただし，基準書第123号においては，報酬費用を認識しないケースもわずかながら認められていた。それは，従業員に限ったもので，主要株主からの持分証券の付与のうち報酬にあたらない場合[52]と従業員株式購入プランのうち一定の条件を満たす場合[53]であった。これらは単なる資本取引であるとみなされた。なお，FASB公開草案では，従業員株式購入プランについて，公正価値法による費用認識が提案されたが，FASB基準書第123号では，米国税法により報酬に該当しないプランについては，非報酬プランとして扱われたのである[54]。すなわち，基準書第123号では，税法上の課税繰延の適用条件を，会計上も報酬に該当しない取扱いを受けるための条件と同じであるとみたのである。

基準書第123号においては，本源的価値法を適用することが可能であるとする範囲について，従業員への支払と非従業員への支払とを区別したうえで，前者の従業員に対するストック・オプションにのみ，APB意見書第25号による本源的価値法の適用が認められた[55]。従業員に関する定義について，基準書第123号では明確に説明されていなかったが，前述のAPB意見書第25号に関するFASB解釈指針第44号において詳細に定められた。特に，社外取締役や独立契約当事者が従業員の定義を満たさないとされたときには，APB意見書第25号による本源的価値法の適用が認められず，公正価値法が適用されることになった。なお，解釈指針第44号では，社外取締役は従業員に該当しないとみなされたが[56]，独立契約当事者については，税法とコモン・ローの従業員の定義をどのように解釈するかで結論が変わってくると述べられていた[57]。なお，米国のコモン・ローによれば，従業員とは，「他者の支配及び監督下で用役を提供することに合意している者」と定義されている。

第5章　米国のストック・オプションの会計基準の変遷にみる費用認識の根拠と税効果会計　*115*

第6節 ┃ 米国の会計不正（エンロン事件）がストック・オプション会計に与えた影響 ──FASB第123号改訂版（2004年）

1　米国企業による公正価値法の適用状況

　基準書第123号では，ストック・オプションの付与に関して，公正価値法による費用認識を推奨する形となった。そこでは，本源的価値法が選択される場合であっても，注記において詳細な条件を開示することになっており，ストック・オプションの公正価値を開示の対象としていた。しかし，会計上，オプションの公正価値は報酬費用として計上することが義務づけられていなかった。ストック・オプションの付与に関する会計において，費用認識について公正価値法と本源的価値法のいずれかを選択できる状況下では，基準書第123号が制定された1995年以降，ほとんどの企業が，費用計上を回避するために，公正価値法を選択しなかった。

　特に，2002年以前は，実質上すべての米国企業が，ストック・オプションなどの株式関連報酬について，公正価値法ではなくAPB意見書第25号における本源的価値法を採用していた。たとえば，本源的価値法により費用計上はゼロであっても，財務諸表注記の中で，ストック・オプションの公正価値の計算結果が開示されるとともに，公正価値法により費用計上された場合の利益も計算結果も開示された。この注記において開示された利益数値は正式な数値ではなく，プロフォーマ利益（pro forma earnings）とよばれており，投資家の参考になるように工夫がされていた。当時，注記でストック・オプションの公正価値が開示されていれば，投資家は独力でこの正式ではない利益数値を計算することができるはずであると考えられ，基準書第123号で公正価値法が強制されなくても，投資に関する判断が可能であるとされたのである。

2　エンロン破綻と公正価値法への自主的な移行

　しかし，2001年のエンロン破綻をきっかけとした会計不信は，会計と財務報告に関して，投資家，規制当局，米国議会，マスメディアからの関心を集めた。

そこで，財務情報を利用するFASBの構成メンバーの多くは，従業員へのストック・オプションに関する報酬費用を認識しないことにより，財務報告が不明瞭になったとコメントした[58]。なお，2001年のエンロン破綻をはじめとする決算報告の誤りの原因は特別目的事業体（special purpose entity：SPE）の損失隠しなど，ストック・オプション以外のことであった。しかし，ストック・オプションについて公正価値法に基づかずに費用計上することが可能であるというかねてからの問題に関する関心が大きくなり，従業員向けストック・オプションの報酬費用が公正価値法で計上されるべきであるという要求が無視できないほど大きなものとなっていた[59]。

　このような要求により，実際，2002年度7月－9月期決算から，ストック・オプションについて，公正価値法による費用計上を自発的に選択する企業が増加した。この時期には，シティ・グループなど金融関係数社，ゼネラル・エレクトリック，コカ・コーラ，ゼネラル・モーターズなどが公正価値法を選択した。

　その後，2002年11月に，国際会計基準審議会（IASB）がストック・オプションの付与の際に公正価値法の適用を義務づける方針を公開草案の形で発表したが，その動きを受けて，2003年3月に，FASBがストック・オプション会計の再検討を発表した。その時点では，179社の米国上場企業が公正価値法を適用したか，あるいはその適用予定であることを発表していた。さらに，2004年2月までには，276社が公正価値法を適用することとなり，そのうち93社はS&P500に属する企業であったという。2004年5月までには，公正価値法を適用した上場企業の数は483社になり，そのうち113社がS&P500に属していた。そして，2004年7月までには753社に達した[60]。

　当時，自発的にストック・オプションの公正価値を報酬費用として計上する動向は，会計不信に応えるものとされた。特に，基準書第123号において，公正価値法による費用計上が義務づけられていないという状況は，FASB公開草案での公正価値法での費用計上の提案に対する，企業からの激しい反対から引きおこされた政治的活動からもたらされていた。しかし，エンロン破綻をきっかけとした会計不信により，自発的に公正価値法により費用計上するようになったが，エンロンの会計不正の原因は，ストック・オプションに関するもの

ではなかったはずである。

3　会計不信による株主からの圧力と公正価値法の適用

　このように，エンロン破綻をきっかけとした米国の会計不信に対応した動きの1つが，ストック・オプションを公正価値法により自発的に費用計上することであったという事実は，コーポレート・ガバナンスにおいて，開示を超えて会計上の認識が求められたことを示していた。コーポレート・ガバナンスで会計が活用されるとはいえ，株式関連報酬に関しては開示のみでは効果がなかったと考えられたのかもしれない。しかし，会計上の認識を議論する場合には，投資家に役立つ情報という観点のほか，理論的な議論も必要となる。そこでは，コーポレート・ガバナンスが会計基準に与えたかもしれない影響を考察し，理論的な枠組みにもその考え方がとりいれられたかについて検討してみることになるであろう。

　米国におけるストック・オプションの会計基準の設定のプロセスをふりかえると，1993年にFASB公開草案においてストック・オプションを公正価値法で費用計上することが提案されたものの，企業からの反対運動や議会での介入の影響から，1995年の基準書第123号において，公正価値法による費用計上が強制されなかった。この状況は，会計基準が外部からの介入によって左右されうることを示した。

　それに対して，前述のように，エンロン破綻後の2002年以降は，逆に，自発的にストック・オプションの公正価値を費用計上する企業が増加した。これはコーポレート・ガバナンスの後押しを受けたものと考えられている。さらに，2003年の米国企業の株主総会では，エイボン・プロダクツやインテルでみられたように，ストック・オプションの公正価値を費用計上するよう株主提案が行われたケースもあった。たとえば，エイボン・プロダクツの株主総会ではその提案は可決され，インテルでは僅差で否決された。

　前述のように，従来は本源的価値法による報酬費用の計上方法がほとんどであったが，2002年から2004年にかけて，自発的に，ストック・オプションに関して，公正価値法へと変更する米国企業が増加した。背景は，投資家，規制

当局などが財務情報の透明化と明確化を要求したことであり，それが，米国FASBに対しても，ストック・オプションの報酬費用の計上方法の再考を促したという[61]。しかし，自発的に公正価値法を適用する企業が増加したとはいえ，APB意見書第25号により従業員向けストック・オプションにのみ本源的価値法の適用が許可されている以上は，企業間の比較可能性が阻害されるため，会計基準の改訂へと向かった。この点については，財務諸表の注記によるストック・オプションの公正価値の開示が活用されていなかったように思える。

なお，米国FASBがストック・オプション会計に関する基準書第123号について，改訂作業の開始を発表したのは2003年3月のことであった。しかし，それに先がけて，2002年11月には，IASBより，株式関連報酬の会計基準に関する公開草案が発表され，そこではすべてのストック・オプションに関して公正価値法を適用するという内容であった。このことは，米国FASBへの圧力にもなったと思われる[62]。

4 会計基準の改訂に対する米国企業の反応
──ストック・オプション制度の廃止と新たな制度の導入

米国FASBがストック・オプションの改訂作業の開始を発表した2003年3月以後である7月に，マイクロソフトがストック・オプション制度の廃止を発表した。その際，2004年度以降のストック・オプションの新たな付与を中止しただけではなく，過去のストック・オプションの公正価値を報酬金額として計算しなおしたうえで，2004年度決算より，その数値に基づいた報酬費用の配分を行うことが発表された。マイクロソフトでは，2003年度までに付与されたストック・オプションは，すでに本源的価値法によって報酬金額が計算されていたが，それを，すべて公正価値で計算しなおして費用計上するという。この発表と実施は，ストック・オプションの公正価値による報酬金額の算定が義務づけられることとなった，基準書第123号の改訂よりも，早い時期であった。

以後，ストック・オプションの公正価値の費用計上が義務化されたことにより，マイクロソフトのようにストック・オプションの新たな付与を中止する企業は増加し，近年では，譲渡制限つきで自社株式そのものを付与するリストリ

クテッド・ストック（restoricted stock：制限株式）が増加し，加えて，自社株式を受け取る権利を付与するストック・アワーズが導入された。ストック・オプションに関する会計処理が公正価値法となったことに関する影響は，米国企業の場合は，ストック・オプション制度の廃止あるいは付与の中止につながったのである。これに対して，日本企業の反応は少し異なるが，第6章で検討したい。

第7節 ストック・オプションに関わる米国の税効果会計の変遷
——資本計算と利益計算の観点から

　ストック・オプションに関する米国の会計基準では，古くから税効果会計（tax effect accounting）について規定がある。この点については，日本では公認会計士協会のQ&Aで指針が示され，そこでは，従業員がストック・オプションに関して課税されるなら法人は損金に算入することが可能であるとされるが，詳細な規定はない。また，米国のストック・オプション関連の税効果会計は，費用認識をめぐる問題と同様に，さまざまな経緯をたどってきた。さらに，税効果会計において，払込資本と損益のいずれで処理するかに関して，常に大きな課題が突き付けられてきた。

　ここでは，ストック・オプションに関する米国の税効果会計の変遷について，資本計算と利益計算の観点から検討していきたい。

1　米国税法上の控除規定（損金算入）

　米国税法においては，ストック・オプションに関する控除の規定が，内国歳入法（Internal Revenue Code）のSection 401およびSection 421で定められている。そこでは，企業の損金算入の対象となるのは，従業員にとって税務上の優遇処置を受けられないストック・オプションである非適格ストック・オプション（nonqualified stock option）であり，損金算入額は，行使時の株価が行使価格を上回る金額であると規定されている。損金に算入される時期は，ストック・オプションが行使された年である。逆に，このような企業にとって控除の

対象となるストック・オプションを付与された従業員は，税務上の優遇処置を受けられず，行使した年に，行使時の株価が行使価格を上回る金額が課税の対象となる。

他方，企業にとって，税務上控除の対象とならないのは，奨励型ストック・オプション（incentive stock option）である。これは，前述のものとは逆で，ストック・オプションを付与された従業員に，税務上の優遇処置が与えられるものである。

2　会計上の費用認識と税務上の損金算入の違い

前述のように，ストック・オプションの付与に関しては，本源的価値法にしろ公正価値法にしろ，1950年代より，会計上報酬費用の認識が行われてきた。特に，公正価値法では，ストック・オプションの公正価値が報酬金額とされ，付与日から権利確定日までの期間にわたって，報酬費用が配分される形となる。本源的価値法による費用認識を行っていた時期には，付与日の株価から行使価格を差し引いた金額が本源的価値であり，それが費用認識された。他方，税務上の損金算入金額は，行使日の株価から行使価格を差し引いた金額であり，当然のことながら，実際に行使されてから決定され，行使された年に損金算入される。

図表5-1　ストック・オプションに関する会計上の費用と税務上の損金

	会計上の費用	税務上の損金算入
認識時期	付与日に算定し，権利確定日まで費用配分	行使日に損金算入
金額	累計で公正価値に等しい（かつては累計で本源的価値に等しかった）	行使日の株価－行使価格

このように，会計上の費用は付与日から権利確定日までに認識されてきたが，税務上の損金算入は行使された年に行われるので，両者の金額と認識時期

は異なっている。これを調整するのが税効果会計であり，米国のストック・オプションに関する会計基準には，税効果会計に関する規定がある。**図表5-1**のように，会計上の報酬費用の累計額は，付与の際に計算される公正価値（かつては本源的価値であった）に基づいた報酬金額であり，その金額と行使日に測定される実際の損金算入金額は一致しない。この差額に税率を乗じた金額が差異であり，この差異がいずれ解消するのであれば，一時的差異（temporary difference）として税効果会計の対象となる。ストック・オプションの付与に伴って生じたこの差異は，一時的差異であろうか。

　付与日から権利確定日までに生じた報酬費用の累計額は，行使されるまでは損金算入されないので課税対象に含まれる。しかし，報酬費用は，後の行使時に実際に損金算入される部分に対応するので，報酬費用の累計額は，将来の損金算入額として位置づけられる。しかし，実際の損金算入金額は，行使日の株価に基づくため，行使前に認識された報酬費用の累計額に等しくない。そこで，税務上，タイミングだけではなく金額においても差異が生じていることになる。ストック・オプションの付与により認識される報酬金額の累計額に税率を乗じた金額は，行使前は法人税の支払額に含まれるので，その金額を一時的な差異として把握し，後の行使時に実際に損金算入された結果，法人税の支払額が減額されることで，この差異が解消されたとみるのである。米国では，このような差異の発生と解消を税効果会計として扱っている。

　以下では，前述のストック・オプションの会計基準の変遷に沿って，税効果会計の考え方の変遷を確認し，資本計算と利益計算の観点から検討したい。

3　APB意見書第25号におけるストック・オプション関連の税効果会計（1972年）

　前述のとおり，APB意見書第25号のもとでは，ストック・オプションの付与日には，付与日の株価が行使価格を上回る金額である本源的価値が報酬金額として算定され，費用配分される。行使されるまでは，会計上の報酬費用が認識されるが，税務上は課税対象に含まれている。後にストック・オプションが行使されれば，その年に損金算入となり，企業の税は軽減されるのである。

そこで，付与日から権利確定までに会計上認識された報酬費用は，行使されるまでは課税対象となったものの，それは将来の税の軽減による戻り分に相当し，行使された年に実際に税が軽減されれば差異は解消される。したがって，税効果会計の対象となる場合，ストック・オプション関連の報酬費用の認識時に繰延税金資産（deferred tax asset）を計上することで，将来の法人税の軽減を認識し，費用を減らすのである。たとえば，ストック・オプションに関する報酬費用Bが計上されると，その金額に税率を乗じた金額が将来の税の軽減を示す税効果（tax effect）となり，以下のように処理される[63]。

　　繰延税金資産　B×税率　／　法人税　B×税率

　結果的に，行使時までに計上される繰延税金資産は，ストック・オプション関連の報酬金額に税率を乗じた金額に等しくなる。将来の税の軽減ではあるが，その分課税対象となるので，未払法人税を構成する。

　ストック・オプションが行使された日には，行使価格分の払込が払込資本に算入される。税務上の損金算入金額はこのときに計算され，それは行使時の株価が行使価格を上回る金額である。この損金算入金額に税率を乗じた金額が，実際に支払う税額（未払法人税）の減額に該当し，繰延税金資産が回収される形になる。しかし，損金算入金額に税率を乗じた数値は，先ほど認識された繰延税金資産の金額の範囲内に収まるとは限らない。付与日から行使日にかけての株価の変動を考慮すると，行使日の株価が付与日の株価を上回るなら，税務上の損金算入金額は，本源的価値で計算された報酬費用の累計額を上回ることになる。そのような場合，報酬費用の累計額に税率を乗じた金額である繰延税金資産を全額消去させても，税の軽減の実現として，税務上の損金算入金額に税率を乗じた金額のすべてを吸収することはできない。そのとき，繰延税金資産の回収で対応できない税の軽減分をどのように処理するかが問題となる。そこで，APB意見書第25号が1972年に規定されて以来2016年の改訂に至るまで，ストック・オプションに関して，繰延税金資産を上回る税の軽減分が存在する場合，その超過分については，損益ではなく，払込資本の増加により認識することになっているのである[64]。

　前述の例のように，付与日の株価から行使価格を差し引いた本源的価値に基

づく報酬金額がAであるとすれば，行使日時点で計上されている繰延税金資産は，Aに税率を乗じた金額である。その後，行使日に，実際の損金算入金額が決まるが，それは行使日の株価が行使価格を上回る金額である。もし，付与日から行使日にかけて，株価がC上昇したとすると，実際の損金算入金額は，行使日の株価から行使価格を差し引いた金額であり，それは，付与日の株価から行使価格を差し引いた金額Aに株価の上昇分Cを加えたものとなる。行使日の実際の税の軽減分は，これに税率を乗じた金額であり，未払法人税の減少として処理される。そこでは，株価の上昇により，費用としての法人税の減額分が，計上済みの繰延税金資産の金額を上回ることになるということである。前述のように，法人税の減額分が繰延税金資産を超える分については，米国の会計基準では，払込資本の増加により認識するので，この状況での税効果は，以下のように処理される。

未払法人税 　（A＋C）×税率 ／ 繰延税金資産　A×税率
　　　　　　　　　　　　　　　払込資本　　　　C×税率

　ここで計上された払込資本の金額は，付与日から行使日までの株価の変動額に税率を乗じた金額である。この期間の株価の変動が上昇であれば，払込資本を増加させることになる。

　APB意見書第25号では本源的価値法に基づいて報酬金額を算定するので，もし，行使価格が付与日の株価に等しく設定される場合，報酬金額はゼロであり，報酬費用が認識されない。したがって，付与日あるいは測定日には繰延税金資産が計上されないことになるが，行使時にはじめて税効果に関する処理が行われる。そこでは，実際の損金算入金額である行使日の株価と行使価格との差額に税率を乗じた金額が，税の軽減，すなわち未払法人税の減少として処理される。このときは繰延税金資産が全く認識されていないことから，税の軽減にあたる金額を払込資本の増加として認識することで対応する。つまり，未払法人税の減少が払込資本の増加に結びついたことになる。このように，付与日に報酬金額がゼロの場合，費用は認識されないので，税効果の処理も行われないが，行使日の株価から行使価格を差し引いた金額が損金算入金額となるので，税効果の処理が行われる。付与日の株価と行使日の株価の差額をCとする

と，行使日の税効果は以下のように処理される。

　　未払法人税　C×税率　／　払込資本　C×税率

　1995年に，FASB基準書第123号により，ストック・オプションの公正価値法による費用計上が推奨されたが，その後も，2004年の改訂による公正価値法の義務化までは，従業員向けのストック・オプションに関して本源的価値法により費用計上が行われていた。そのため，2004年の改訂による公正価値法が義務化されるまでは，行使価格が付与日の株価以上で設定されていた場合には，税効果会計について，付与日には繰延税金資産を認識せずに，行使日にはじめて，上記のように未払法人税の減少と払込資本の増加を認識する処理が多く行われていたのである。

　しかし，税効果会計については，1992年に公表されたFASB基準書第109号「法人税に関する会計」が規定されるようになり，資産・負債アプローチによる統一的な処理が示された。その後，1993年のストック・オプション会計基準の公開草案における税効果会計の規定は，明らかに，この基準書第109号での考え方を採用していたため，APB意見書第25号の税効果会計の考え方とは異なるものであった。ストック・オプション関連の事柄にしぼって，基準書第109号の税効果会計の考え方をみていきたい。

4　FASB基準書第109号における税効果会計の規定（1992年）

　FASB基準書第109号における法人税に関する会計の基本原則は，将来税務上損金算入される金額を繰延税金資産として認識し，将来課税対象として支払う金額を繰延税金負債として認識することであった。その際，資産および負債の両方について，会計上の金額と税務上の金額との差額に税率を乗じた金額を，差異として認識することになるが，資産は将来回収され負債は決済されることが前提となっている。

　法人税は，一般的には費用であるが，直接資本に加減するものがあり，FASB基準書第109号では，ストック・オプションの法人税の処理に関して払込資本の増減が認識されることがある。そこでは，税務上の損金算入金額が会

計上の費用として認識されないので，税の軽減分を繰延税金資産の消去により処理することは適切ではないと考えられていた[65]。この点で，APB意見書第25号でみたような税効果会計の考え方は否定されることになった。

続くストック・オプションの会計基準に関する1993年のFASB公開草案での税効果会計は，この基準書第109号に従って規定された[66]。FASB公開草案における税効果会計をみてみよう。

5 FASB公開草案におけるストック・オプション関連の税効果会計（1993年）

前述のように，FASB公開草案では，ストック・オプションの付与時に，オプションの公正価値で算定される報酬金額を，前払報酬という資産に計上したうえで，権利確定日までの期間にわたって費用配分することとした。この考え方のもとでは，会計上の資産である前払報酬の金額とともに，税務上の資産である前払報酬の金額も算定することができるので，基準書第109号の税効果会計の統一原則に従って，会計上の前払報酬と税務上の前払報酬の差額に基づいて，一時的差異を認識することができると考えられた。FASB公開草案では，そのような考え方をベースに，ストック・オプションに関する税効果会計が示された。

まず，付与日に，税務上の前払報酬の金額を計算することができるのであろうか。FASB公開草案では，付与日の株価が行使価格を上回る金額である本源的価値を，付与日における税務上の前払報酬として認識することにより，将来の損金算入金額の参考にすることができると考えられていたようである[67]。したがって，付与日における会計上の前払報酬の金額はストック・オプションの公正価値をもとに計算され，税務上の前払報酬の金額は本源的価値であるから，付与日の一時的差異は，両者の差額に税率を乗じた金額である。その後，会計上の前払報酬は費用配分により減額されて行使日にはゼロとなり，税務上の前払報酬は付与日から行使日までの株価の変動に応じて変化するため，両者の差額をもとに計算される一時的差異は，付与日から行使日までの期間に変動する。このような一時的差異の変動について，FASB公開草案では，損益として処理

するか，払込資本で処理するかについて，検討対象とされたのである。

　前述の一時的差異の変動の要因は，2つある。1つは，ストック・オプションの公正価値の費用配分を原因とする会計上の前払報酬の変動（減額）であり，もう1つは，付与日から行使日までの株価変動による税務上の前払報酬の変動である。そこで，FASB公開草案では，会計上の前払報酬と税務上の前払報酬のうち，どちらの要因で一時的差異が変動するかで処理方法を使い分けることとしたのである[68]。たとえば，行使価格が付与日の株価以上の金額で設定されたストック・オプションの場合には，先ほどの例のように，付与日段階で，会計上の前払報酬は公正価値Pで計上されるが，税務上の前払報酬はゼロとなる。行使された場合には，行使日の実際の損金算入金額はゼロにはならないが，付与日段階では将来の損金算入金額をゼロとして把握するのである。したがって，付与日において，会計上の前払報酬は課税対象となるので，支払義務のあるものとして，繰延税金負債（deferred income tax liability）が計上されるが，負債計上されるものの，費用計上は行われないので，払込資本からの引出しという形をとることとされた[69]。したがって，付与日における税効果の処理は，以下のように考えられたのである[70]。

　　払込資本　P×税率　/　繰延税金負債　P×税率

　付与日以後，権利確定日までの期間にわたって，会計上の前払報酬は費用配分されるので，前払報酬の減額に伴い一時的差異も変動する。この変動分については，すでに計上された繰延税金負債の減額によって対応するものと考えられ，損益に反映させることになった。このように，会計上の前払報酬について費用配分が行われれば，毎期，費用配分の金額に税率を乗じた金額が繰延税金負債の減額分となり，その分繰延税金費用（deferred tax expense）の軽減が認識されることとなる。権利確定までには，公正価値Pに等しい報酬金額が会計上費用配分されるため，その金額に税率を乗じた金額である繰延税金負債も，全額が消去される。それに伴い，繰延税金費用の軽減が行われると考えられ，会計上の前払報酬Pのうち，Qが報酬費用として計上されたときには，繰延税金負債の減額と繰延税金費用の軽減がその分行われるので，権利確定まで，毎期，税効果については以下のように処理されるものとされた。

第5章　米国のストック・オプションの会計基準の変遷にみる費用認識の根拠と税効果会計　*127*

　　繰延税金負債　Q×税率　／　繰延税金費用　Q×税率

　実際にストック・オプションが行使された時には，税務上の損金算入が行われるが，すでに法人税費用の軽減分は，付与日から権利確定までの期間にわたり，累計で公正価値P×税率で計上されている。しかし，実際の損金算入額は，この繰延税金費用の軽減の合計金額に等しくはならない。なぜなら，付与日の株価と行使日の株価が異なるからである。行使される場合，行使日の株価は付与日より上昇していると考えられるので，行使価格が付与日の株価に等しく設定されたケースでは，実際の損金算入金額は，行使日の株価が行使価格を上回る金額であるため，行使日段階での税務上の前払報酬の金額は，付与日から行使日までの株価の上昇分に等しくなる。したがって，この税務上の前払報酬の変動分の原因は株価上昇分であり，その金額に税率を乗じた金額を，法人税費用の増加として認識しなければならない。ここで，法人税費用の増加を認識するが，付与日に計上された繰延税金負債が権利確定日までには全額が決済（消去）されてしまうので，繰延税金負債の増加ではなく，払込資本の増加により対応させると考えられたのである。付与日から行使日までの株価の上昇額をCとすれば，行使日の税効果は以下のように処理される。

　　法人税　C×税率　／　払込資本　C×税率

　行使日には，実際に税務上の損金算入が行われるが，会計上の法人税の費用の計算には，この税務上の損金算入額が含まれた形で計上されるのである。なお，この金額を払込資本に算入する処理は，基準書第109号の税効果会計の統一原則に準拠したものであった。このように，FASB公開草案は，APB意見書第25号における税効果会計とは異なる。そこでは，付与日に未払法人税を減少させることなく，行使日までに繰延税金費用の軽減と繰延税金負債の増減を認識したうえで，行使日に，法人税を費用として認識するのである。

　以上の方法は，企業にとって税務上の損金算入が認められていないストック・オプションの場合にも適用が可能であるとされた[71]。損金算入が税務上認められないことは，行使日の税務上の前払報酬の金額がゼロであり，その分を課税対象に含めることを意味する。その際，会計上の前払報酬を回収するため

の将来の収益も，すべて課税対象となる。付与日の税効果会計は，繰延税金負債を計上し，払込資本を引き出す形となるが，損金算入が認められるストック・オプションと同様に，損金算入が認められないストック・オプションの場合も，報酬費用が配分される時には，繰延税金負債の減額とともに，繰延税金費用の軽減を認識する。

　企業の損金算入が認められていないストック・オプションが行使された時には，税務上の損金算入額がゼロであるため，税務上の前払報酬もゼロであり，会計上の前払報酬もゼロであることから一時的差異はゼロである。したがって，行使日には税効果について何の処理も行われないということになる。さらに，付与日に計上された繰延税金負債の減額と繰延税金費用の軽減が，権利確定日までに行われ，払込資本は引き出されたままである。したがって，付与日から行使日までに，損金算入が認められないストック・オプションに関する税効果について，繰延税金費用の軽減と払込資本の減額が認識されるのである。

6　FASB基準書第123号（改訂前）におけるストック・オプション 関連の税効果会計（1995年）

　すでにみたように，FASB基準書第123号（改訂前）では，ストック・オプションの公正価値を費用配分する方法を推奨することとなったが，公正価値法において，付与日に前払報酬を会計上資産として計上する処理は否定された。したがって，基準書第123号（改訂前）では，FASB公開草案で提案された税効果会計の考え方は採用されていない。となると，基準書第109号の税効果会計の統一原則との整合性は，保たれているのであろうか。

　基準書第123号（改訂前）での公正価値法における税効果会計は，基準書第109号のような会計上および税務上資産負債の差額を差異の計算に用いる方法（いわゆる資産負債法）とは整合的ではなかった。つまり，FASB公開草案でのストック・オプションに関する税効果会計とは大きく異なるものとなったのである。基準書第123号（改訂前）でのストック・オプション関連の税効果会計の基本的な考え方によれば，行使日の実際の損金算入金額が，会計上認識されてきた報酬費用の累計額を上回るなら，税の軽減が行われ，払込資本の増加が

第5章　米国のストック・オプションの会計基準の変遷にみる費用認識の根拠と税効果会計　*129*

認識されるという。逆に，会計上認識されてきた費用の累計額が損金算入金額よりも大きい場合，払込資本を減額し，繰延税金資産も減額されるという。

　FASB公開草案の発表後，ストック・オプションに関する税効果会計について，基準書第109号における資産負債法での税効果会計の規定と整合的であるべきかについて再度検討されたものの，結果的に，ストック・オプションに関しては，税効果会計について資産負債法を統一原則とする基準書第109号とは整合しない処理を規定することとなった。特に，企業にとっての損金算入が認められないようなストック・オプションは，前述の公開草案の内容とは異なり，基準書第109号の適用対象外とされた。

　前述の例のように，行使価格が付与日の株価に等しく設定されたとする。その際，ストック・オプションの公正価値Pが算定され費用配分されるが，基準書第123号（改訂前）では，前払報酬の資産計上は行われないことになる。当期に会計上の報酬費用がQ計上された時には，行使されるまで損金に算入されないので課税対象に含められるが，行使された年に損金に算入されることで，この課税分は回収できるとして繰延税金資産が計上される[72]。同時に会計上，繰延税金費用が軽減されると考えられ，付与日の属する期に報酬費用Qが計上された場合の税効果については以下のように処理される。

　　繰延税金資産　Q×税率　／　繰延税金費用　Q×税率

　この税効果会計についての考え方は，APB意見書第25号のそれと同じである。権利確定となるまでに，報酬費用が累積で公正価値P計上されるので，行使日を迎えた時の繰延税金資産の金額は，Pに税率を乗じた金額となる。行使された時には，税務上損金が算入されたことで未払法人税が減少し，繰延税金資産が回収されたことになる。しかし，計上された繰延税金資産の金額である（P×税率）は，実際の損金算入額に等しいとは限らない。繰り返しになるが，実際の損金算入金額は行使日の株価と行使価格の差額に税率を乗じたものであるので，ストック・オプションの公正価値Pをベースとした繰延税金資産の金額とは異なるからである。

　基準書第123号（改訂前）によれば，行使日の実際の損金算入金額が公正価値Pを上回る場合には，繰延税金資産を全額消去したうえで，吸収されなかっ

た超過分を払込資本の増加によって認識することになるという。付与日から行使日までの株価の上昇額をCとすれば，行使価格が付与日の株価に等しく設定されている場合，行使日の損金算入額もCとなるので，税の軽減額であるCに税率を乗じた金額は，未払法人税の減少として認識される。この損金算入金額Cが公正価値Pを上回るときに，CとPの差額に税率を乗じた金額が超過額であり，それが払込資本の増加として認識される。上記の行使日の税効果を処理すると以下のようになる。

　　　未払法人税　C×税率　／　繰延税金資産　P×税率
　　　　　　　　　　　　　／　払込資本　（C−P）×税率

　他方，実際の損金算入金額Cが公正価値Pよりも小さい場合には，繰延税金資産の消去は計上された金額の範囲内に収まる。このように，FASB基準書第123号（改訂前）における税効果会計の考え方は，APB意見書第25号での税効果会計の考え方と類似したものとなった[73]。会計上の前払報酬の資産計上を断念したので，基準書第109号での税効果会計の統一原則との整合性は保たれなかったのである。

7　改訂後のFASB基準書第123号におけるストック・オプション関連の税効果会計（2004年）

　では，FASB基準書第123号が2004年に改訂された際，ストック・オプション関連の税効果会計は，変化したのであろうか。改訂された基準書第123号では，ストック・オプションが，非適格ストック・オプション（non-qualified）と奨励型ストック・オプション（incentive）に分けられたうえで，付与者である企業の損金算入が認められるのは，非適格ストック・オプションであり，従業員は行使時に課税される[74]。なお，企業の損金算入が税法上認められないストック・オプション関連の報酬費用については，基準書第109号の税効果会計が適用される将来減算（deductible）の一時的差異には該当しないことが示されている[75]ので，改訂前の基準書第123号と同じである。

　改訂版では，基準書第109号に従い，将来の損金算入をもたらすストック・

オプションに関する報酬費用の累計額は，将来減算の一時的差異として位置づけられた[76]。また，計上された繰延税金資産が一部でも回収されない可能性が高い場合には，評価性引当金により減額することになった[77]。

　付与日から権利確定日までの税効果についての処理は，改訂前と変わらないが，法人税の軽減は，繰延税金ベネフィット（deferred income tax benefit）として計上されることになった[78]。繰延税金ベネフィットとは，繰延税金費用のマイナスのことである。たとえば，会計上の報酬費用が配分されるたびに，繰延税金資産が計上され，累計で公正価値P×税率になるまで行われるが，このような一時的差異の変動については，繰延税金費用あるいは繰延税金ベネフィットとして，損益に計上される。そこで，付与日から権利確定日までの税効果の処理は，累計で以下のようになる。

　　繰延税金資産　P×税率　／　繰延税金ベネフィット　P×税率

　失効に関して見積りに変更がある場合には，繰延税金資産の再計算を行うことになり，調整する。税の軽減については，繰延税金ベネフィットが損益として計上される。

　行使時には，実際の損金算入金額と会計上の報酬費用の累計額が異なる場合，改訂前の基準書第123号では，前者が後者を上回ることで，繰延税金資産を減額しても吸収できないときは，払込資本の増加により処理されていた。行使時の実際の損金算入は，十分に課税所得があることが条件であり，損金算入は，「実現された税金ベネフィット」（realized income tax benefit）であると位置づけられていた。改訂後の基準書第123号では，同様に実際の損金算入金額が会計上の報酬費用の累計額を上回る場合，その超過分に税率を乗じた金額が，超過税金ベネフィット（excess income tax benefit：税務上の超過利益）であるとされる。しかし，この超過税金ベネフィットは，損益で認識されるのではなく，払込資本の増加として処理されるので，改訂前と処理は変わらない[79]。したがって，実際の損金算入金額Cが会計上の報酬費用の累計額Pを上回る場合，まず，行使の際の繰延税金資産の減額を処理したうえで吸収しきれないときには，超過税金ベネフィットを計上するが，それは払込資本の増加である[80]。したがって，行使日の税効果の処理は以下のようになる。

```
繰延税金費用   P×税率  ／  繰延税金資産   P×税率
未払法人税    C×税率  ／  法人税      P×税率
                    ／  払込資本（超過税金ベネフィット）(C－P)×税率
```

図表5-2 ストック・オプションに関する会計上の費用と税務上の損金の大小
（2004年の改訂後のFASB基準書第123号による）

（1）税務上の損金算入金額が会計上の報酬費用の累計額を上回るとき
　　　——超過税金ベネフィットの発生

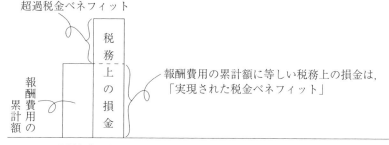

※行使価格が付与日の株価に等しいものとする。

（2）税務上の損金算入金額が会計上の報酬費用の累計額を下回るとき
　　　——追加的な法人税不足の発生

※行使価格が付与日の株価に等しいものとする。

　しかし，改訂後の基準書第123号では，実際の損金算入額に税率を乗じた金額（実現された税金ベネフィット）がストック・オプションに関わる繰延税金資産を上回る分である超過税金ベネフィットのうち，会計上の測定日である付与日から税務上の測定日である行使日までの株価の変動以外の理由により生じる部分について，損益計算として処理するべきであるという考え方も紹介された[81]。

なぜなら，一時的差異として認識される繰延税金資産は，株価の変動に関しては再測定されず，また報酬費用の測定においても，株価の変動は織り込まれないからである[82]。

　なお，米国税法上の損金算入金額は，付与日以後の日（たいていは行使日か権利確定日）の本源的価値に基づいており，実現された税金ベネフィットは，会計上認識された一時的差異である繰延税金資産とは異なる金額である。米国FASBの結論では，損金算入金額が報酬費用を上回るとき，その差額に税率を乗じて算定された超過税金ベネフィットのうち，本源的価値の増加によってもたらされた部分は，持分証券であるストック・オプションの価値変動に起因するので，払込資本で調整されるべきであるということとなった[83]。このように，資本の性質をもつ株式関連報酬の税効果が，損益計算書と払込資本の両方に影響するという結論が得られたのは，ストック・オプション関連の損金算入が2種の独立した取引ないしイベントに関係することが理由であるとされている。2種の取引のうち，1つは，従業員などストック・オプションを付与された者が，対価としてストック・オプションを受け取る代わりに労働などのサービスを提供する取引のことであり，企業は，労働などのサービスの利用により，報酬費用を損益計算書に計上することになる。もう1つは，ストック・オプションの行使にみられる株式発行という資本取引のことであるが，付与日以降の株価の変動が資本取引に影響することもあるという意味で，ストック・オプションの他，リストリクテッド・ストック（restricted stock：制限株式）も含めて想定できるという。

　他方，逆に，企業の損金算入金額が会計上の報酬費用の累計額よりも小さい場合，**図表5-2の（2）**のように，超過税金ベネフィットの逆であり，追加的な法人税不足（tax deficiency）が生じることになる[84]。その際，まず，損金算入金額の小ささに関係する繰延税金資産の減額は，他のストック・オプションに関して以前生じた超過税金ベネフィットからの払込資本の残額の範囲内で相殺されるべきであるという。そして，その金額を超えて繰延税金資産を減額する場合には，損益として処理されるべきであるという[85]。したがって，以下のように処理される。

払込資本（計上済みの範囲で控除） ／ 繰延税金資産
法人税（追加的に計上）

　この設例については，改訂前も改訂後も，繰延税金資産の消去は損益計算書で費用認識されることとされるが，改訂版では，公正価値法を用いて計算された他のストック・オプションによる超過税金ベネフィットから認識された払込資本の残高の範囲で，資本控除が行われると規定された。しかし，この点について，損金算入金額が費用の累計額よりも小さいストック・オプションに関して，改訂前の基準書の中で，他のストック・オプションから以前に生じた超過税金ベネフィットによる払込資本の残高で相殺するアプローチは，異なる複数のストック・オプションを１つのグループとみるポートフォリオ・アプローチであり，そのアプローチは不適切でないかという意見もあった[86]。この点につき，税効果会計の統一原則である基準書第109号と適合しないという観点からも，個々のストック・オプションが個別に処理されるべきであるという主張もされた。しかし，このような意見があったにもかかわらず，2004年12月に，改訂後の基準書第123号が公表された段階では，超過税金ベネフィットと追加的な法人税不足について，全額を損益で認識することが否定されたのである[87]。前述のように，ストック・オプションの付与と行使には，２種の独立した取引から構成されることから，２種の損金算入があるという点が理由である。逆に，全額を損益で認識する考え方は，ストック・オプションを付与された者がストック・オプションを対価として受け取る代わりに労働などのサービスを提供するという単一取引の結果であるとする見方と整合的であると考えられた。なお，両者をすべて払込資本で調整する方法も却下されたが，その際，追加的な法人税不足を資本の部で認識すると，実現されない損金が実現されたかのように認識されるため不適切であると考えられた[88]。

　ストック・オプションが行使されないまま失効した場合はどうなるであろうか。すでに計上された会計上の報酬費用を取り消すことはできない。また，行使されないので，企業は，税務上損金算入を行わない。このような場合には，実際の損金算入金額が会計上の報酬費用の累計額を下回ることになり，法人税が増加する。このような損金の小ささに関係する繰延税金資産の減額は，評価

第5章　米国のストック・オプションの会計基準の変遷にみる費用認識の根拠と税効果会計　*135*

性引当金を除いた純額で，ストック・オプションに関して以前認識された超過税金ベネフィットが算入された払込資本の金額の範囲で，まず相殺されるべきであると考えられた。さらに，残りの減額は損益計算，つまり費用としての法人税として処理されるべきであるとされた[89]。

　その後，ストック・オプションに関する税効果会計について，2016年に大きな改訂が行われた。実際の損金算入金額と会計上の報酬費用の累計額が異なる場合の処理について，払込資本による処理が行われないようになったのである。すなわち，今まで述べてきた，超過税金ベネフィットを資本として計算する考え方から，損益として処理する考え方へと移行したのである。この改訂について，さらに詳しく見てみよう。

8　2016年におけるストック・オプション関連の税効果会計の改訂 ──資本計算から損益計算への移行

　会計基準のコード化により，FASB基準書第123号改訂版の内容は，現在，Topic No. 718 : Compensation-Stock Compensationに集約されているが，そのうちのSubtopic No.718-740 : Income Taxesにおいて，ストック・オプション関連の法人税の会計を中心に税効果会計の規定がまとめられることとなった。多くの内容は前述のとおりであり，その後微修正が行われていたが，2016年に，大きな改訂が行われた。それは，超過税金ベネフィットと追加的な法人税不足に関する処理である。

　FASBは，2016年のストック・オプション関連の税効果会計の改訂の理由について，単純化（simplification）を挙げている。改訂前の基準書123号の段階から，税務上の実際の損金算入金額と会計上の報酬費用の累計額の差額に税率を乗じた金額について，超過税金ベネフィットなのか追加的な法人税不足であるのかを判断したうえで，超過税金ベネフィットであれば払込資本の増加を認識し，法人税不足であれば超過税金ベネフィットの累計額の範囲で払込資本から控除し，足りない分は損益処理されると考えられてきた。この処理により，超過税金ベネフィットが認識されるのは，実際に損金算入が未払法人税を減額することにより，実現されているとみられるからである。

それに対して，2016年の改訂（ASU2016-09）によれば，超過税金ベネフィットと追加的な法人税不足の両方について，全額を，損益計算書上の法人税あるいは税金ベネフィットとして計上することになった。この点に関して，権利の確定したストック・オプションの税効果である超過税金ベネフィットと追加的な法人税不足は，ともに損益として処理され，発生年度の独立項目として扱われるべきであるとされた。なお，今回の改訂について，FASBの立場では，未払法人税を実際に減額するか否かにかかわらず，税金ベネフィットが認識されるべきであるという立場に変わった。この点については，税金ベネフィットが，未払法人税の減額を通じて実現されてから初めて認識されるとした基準書第123号での考え方とは異なる。

以上の改訂による大きな変化は，超過税金ベネフィットの認識において，払込資本の増加が認識されずに全額が損益計算となることであった。また，未払法人税の減額を実現基準として用いていた従前の考え方が放棄され，税務上の損金算入金額と会計上の費用の差額に税率を乗じた金額を即時に損益としたことも新たな動きである。このように，APB意見書第25号が規定された1972年から2016年までは，ストック・オプションに関する税効果会計において，払込資本を通じた認識が行われてきた，しかし，2016年の改訂により，超過税金ベネフィットを払込資本として計上しなくなったという点で，考え方が大きく変わったのである。

第8節 ┃ おわりに

本章では，ストック・オプションに関する米国の会計基準の変遷をたどることにより，費用認識のロジックをみてきた。そこでは，費用認識と払込資本の増加を結びつけるロジックが弱いものの，費用計上の根拠を追求することに力点が置かれていた。その際，報酬プランと非報酬プランとを区別する考え方にみられるように，税法の課税繰延の要件に従ったケースもあった。

ストック・オプションの会計基準の設定プロセスをみる限り，米国FASBと企業は，報酬費用の認識が公正価値法に基づいて行われることに関して激しい

第5章 米国のストック・オプションの会計基準の変遷にみる費用認識の根拠と税効果会計 *137*

議論を戦わせ，費用認識を規定しようとする米国FASBが，企業に譲歩して公正価値法について一時は情報開示にとどめたかのようにみえた。ストック・オプションの付与に関して，企業は報酬費用の計上を回避するために，公正価値法による費用計上に反対し続けてきた。公正価値法か本源的価値法かを選択できる会計基準が設定された1995年以降，公正価値法で費用計上する企業はほとんど存在せず，行使価格を付与日の株価以上で設定することで本源的価値をゼロとして費用計上しない企業が続出した。一方，財務諸表注記では，ストック・オプションの公正価値を開示することとなっていた。

　2001年のエンロン破綻をきっかけとして，粉飾決算の原因が特別目的事業体での損失隠しなどストック・オプション以外の内容であったにもかかわらず，ストック・オプションを公正価値法で費用計上すれば会計不信が払しょくされるかもしれないとされる世論の流れが存在した。そこで，粉飾決算を行っていないことの証明として，企業は，自発的に，ストック・オプションに関する公正価値法による費用計上を行うようになったのである。前述のように，財務諸表注記で，ストック・オプションの公正価値のデータを得られていたはずである。注記による情報開示が機能していなかったのではないだろうか。

　ストック・オプションに関する費用認識の方法に関する自発的な変更により，ストック・オプションの会計基準を改訂して公正価値法による費用計上を義務づけることに対する，企業側からの反対の声は少なくなったが，特に理論的な検討は行われないままであったのである。コーポレート・ガバナンスの後押しを受けた結果として，公正価値法の義務化が会計基準上行われるようになった。

　ストック・オプションに関する税効果会計については，当初，APB意見書第25号で規定されたが，それは，税効果会計一般についての統一的な原則が示された基準書第109号の考え方とは整合的ではなかった。その後，ストック・オプションの付与に伴い前払報酬を資産として計上する処理がFASB公開草案により提案された際には，基準書第109号と整合する税効果会計の処理が提案された。しかし，前払報酬の資産計上が認められないこととなったため，この処理は撤回された。実際，ストック・オプションに関する税効果会計について，FASB公開草案と基準書第123号（改訂前）を比較すると，払込資本の金額や税費用の配分に違いがでる。結局，会計上の資産・負債と税務上の資産・負債と

の差額を，将来の課税あるいは損金算入される金額であるとして調整する考え方が，ストック・オプションの税効果会計には適用されなかったのである。

なお，ストック・オプションに関する税効果会計は，改訂後の基準書第123号においても，税務上の損金算入金額が会計上の報酬費用の累計額を上回り，一時的差異である繰延税金資産の減額によっても吸収しきれない場合，税の軽減である超過税金ベネフィットが払込資本の増加として認識され，また，逆に，税務上の損金算入金額が会計上の報酬費用の累計額を下回る場合には，払込資本のうちの超過税金ベネフィットによる部分の残高を減額させたうえで，追加的な法人税不足を費用計上していた。つまり，ストック・オプションの付与については，資本取引と，対価の受取の代わりに労働の提供が行われる取引という２種類の取引が独立していると考えられ，資本計算と損益計算の両方に影響すると解釈されたのである。しかし，ストック・オプションの税効果会計に関する2016年の改訂では，この２種の取引が単一の取引であると考えられ，対価の受取の代わりに労働の提供が行われる取引であることが強調された結果，上記の超過税金ベネフィットや追加的な法人税不足の全額が，損益計算として扱われるようになったのである。つまり，資本取引としての側面が出てこない。このような取引に関する考え方の変化は，税効果会計だけではなく，ストック・オプション全般の会計にも影響すると思われる。

補論 米国の株式関連報酬の範囲──負債に分類される株式関連報酬

株式関連報酬と言っても，昨今では，制限株式など多様な形式の存在が指摘され，必ずしも，一般的なストック・オプションだけを意味するわけではない。ここで，米国における株式関連報酬（stock-based compensation）の定義や範囲を確認すると，負債（liability）に区分される形式がある。2004年のFASB基準書第123号改訂版では，株式関連報酬が負債に区分されるかどうかを決めるためのガイドラインが示されていた[90]。つまり，米国の株式関連報酬の範囲には，定義上，負債として区分されるようなものも含まれていることになる。それは，ストック・オプションとして無償で付与される新株予約権が負債として計上されることを意味するのであろうか。

第5章　米国のストック・オプションの会計基準の変遷にみる費用認識の根拠と税効果会計　*139*

　第4章では，自社株式による決済を負債にするか資本にするかの議論を行い，新株予約権を負債にする考え方が存在することが示された。第5章では，新株予約権を資本とする考え方に立って，主に費用認識の考え方の根拠について米国の会計制度の変遷からみてきたが，再度，株式関連報酬のうち負債に区分されるものについても，検討したい。

1　現金決済型の株式関連報酬制度

　基本的に，負債に区分される株式関連報酬は，現金決済型（cash settlement）の株式関連報酬である。現金決済型とは，基本的に，行使日の株価と行使価格の差額を現金で支給する方式の株式関連報酬制度である。この方式で株式関連報酬制度を設計すると，付与された取締役・従業員にとっては行使価格による払込は不要であり，行使の申し出をすることによって行使日の株価と行使価格の差額を現金で受け取ることになる。

　上記の現金決済型の株式関連報酬にも複数の種類があり，一番単純な形式は，現金SAR（stock appreciation right：株式評価益受益権）とよばれるもので，前述のように，行使日の株価と行使価格の差額を現金で支給するものである[91]。他方，差額について，現金ではなく株式で支給する株式SARとよばれるものもある。加えて，米国では，現金SAR，株式SAR，そして通常のストック・オプションという異なる複数の報酬プランについて，行使時に，企業側あるいは付与された取締役・従業員側が選択するタンデム・アワード（tandem award）という制度もある。タンデム・アワードのもとでは，たとえば，現金SARか株式SARか，また通常のストック・オプションとしての行使かを選択できる。タンデム・アワードの場合には，報酬として付与した時点で，企業側と付与対象者のどちらに選択権があるのか，またどのような選択肢があるかを，契約によって決めておかなければならない。

　以上より，現金SARには現金支払の義務があること，そしてタンデム・アワードが選択された場合に，その選択肢に現金SARが含まれるなら，現金SARの選択により現金支払の可能性があることから，両者が現金決済型の株式関連報酬として，負債に区分される可能性が高い。したがってこれらのケー

スを補論の検討対象とする。

2 現金SAR（現金決済型の株式評価益受益権）の会計処理

　米国では，ストック・オプションの公正価値を費用計上する方法が会計基準となる以前から，現金SARについては，付与日の株価が行使価格を上回る金額，つまり本源的価値が報酬金額に該当し，それが負債として計上されると規定されていた[92]。計上後，行使日に至るまで，毎期末の株価により本源的価値を再評価して，負債と費用を計上するという。この点は，基準書第123号改訂版とそれに続くASU 718-30 Compensation-Stock compensation award Classified as Liabilitiesでも同じであった。現金SARは，最終的に，行使日の株価が行使価格を上回る金額が現金で支給されるため，毎期末の株価変動を報酬費用と負債に織り込んで把握することになる。

3 タンデム・アワードの会計処理

　基準書第123号改訂版では，株式関連報酬の実質的な条件（substantive terms）を反映して会計処理を行うとする考え方が述べられ，いわゆる契約上の書面と実質的な条件が異なる場合について言及されていた。タンデム・アワードは，株式決済（株式SARあるいは通常のストック・オプションの行使）か現金決済かを選択できる株式関連報酬であり，選択肢は2つ以上である。もし，タンデム・アワードの付与対象者に決済方法の選択権があるなら，企業は，彼らの要望があれば現金での支払義務があるため，それを重視して負債計上することとされている。逆に，決済方法の選択権が企業側にあるなら，現金支払を回避して株式決済を選ぶことがほとんどであるので資本とされた。しかし，契約上株式決済の選択が可能な企業が現金決済を選択することもあり，あるいは従業員が偶発的に現金決済を要求した時はいつも企業が現金決済に応じている場合には，実質的な負債（substantive liability）が決済されるといえる。このように，株式決済に関する選択権を有する企業が支払義務について負債を計上すべきか否かを判断する際には，株式決済（stock settlement）の可能性と，偶発

第5章　米国のストック・オプションの会計基準の変遷にみる費用認識の根拠と税効果会計　*141*

的に現金決済をする可能性を考えるべきであるとされた[93]。

　さらに，もし，株式関連報酬が負債に区分されるなら，現金SARでみたように，決済日までは公正価値による評価替えを行うことになる。つまり，負債の金額は本源的価値であり，それを毎期末の株価に応じて測定しなおすことになる。

4　負債に区分されるその他の株式関連報酬

　基準書第123号改訂版では，負債に区分される株式関連報酬として，現金SARやそれが選択肢に含まれるタンデム・アワードの他に，買戻し条件の付いた株式が報酬として無償で付与された場合が，条件付きで挙げられていた。そこでは，条件によって，買戻し条件の付いた株式は，資本ではなく負債に区分されることとされた[94]。すなわち，これはプット権付株式（puttable share）であり，従業員に付与されると，公正価値に等しい金額で現金により買い戻しをするよう，付与された従業員が企業に対して要求する権利が与えられるものである。なお，IFRSにおいて，このようなプット権付株式は，無条件で，現金決済型であると考えられており，負債とされている。

◆注————
1　AICPA（1948）による。
2　AICPA（1953）Chapter 13Bによる。
3　FASB（2004）p.1では，AICPA（1953）Chapter 13Bの削除が明記されている。
4　AICPA（1953）Chapter 13B, para.1による。
5　AICPA（1953）Chapter 13B, para.4による。
6　AICPA（1953）Chapter 13B, para.4による。
7　AICPA（1953）Chapter 13B, para.5による。
8　AICPA（1953）Chapter 13B, para.6による。
9　AICPA（1953）Chapter 13B, para.7による。
10　AICPA（1953）Chapter 13B, para.8による。
11　AICPA（1953）Chapter 13B, para.9による。
12　AICPA（1953）Chapter 13B, para.10による。

13 AICPA（1953）Chapter 13B, para.10による。

14 AICPA（1953）Chapter 13B, para.14による。

15 AICPA（1972a）による。

16 AICPA（1953）Chapter 13B, para.12によれば，ストック・オプションの公正価値の測定が不可能であることのほかに，譲渡制限などのマイナスの要素が公正価値を減らすことが述べられていた。

17 AICPA（1953）Chapter 13B, para.12による。

18 AICPA（1953）Chapter 13B, para.12による。

19 AICPA（1972a）para.7による。

20 AICPA（1972a）para.7による。また，FASB（1993）para.150およびpara.151も参照されたい。

21 AICPA（1972a）para.10による。

22 AICPA（1972a）para.10による。

23 AICPA（1972a）para.14による。

24 AICPA（1972a）para.14による。

25 特に，適格ストック・オプションは，行使価格が付与日の株価に等しく設定される。逆に，行使価格が付与日の株価を下回って設定されれば，株価上昇のインセンティブは働かないであろう。

26 FASB（1993）による。

27 FASB（1993）para.7およびpara.8による。報酬プランと非報酬プランを区別しない考え方については，para.61およびparas.155-156を参照されたい。なお，報酬に該当しない例外的なケースとして，para.6に，主要株主による持分証券の付与が挙げられていた。

28 FASB（1993）para.5による。

29 FASB（1993）para.7による。

30 日本でストック・オプション制度が整備される前に，ソニーが新株引受権付社債を発行したうえで，分離した新株引受権を買い戻し，それを従業員・役員に無償で付与したことがある。この制度は，疑似ストック・オプションとよばれた。その際の会計処理の考え方については名越（1996b）を参照せよ。

31 計算方法については，FASB（1993）paras.196-202を参照されたい。

32 FASB（1993）para.20による。

33 FASB（1985a）para.80による。

34 FASB（1993）para.58およびpara.59では，払込資本（ストック・オプション）が増加する取引に費用が発生することを問題にした意見が紹介されていた。

35　FASB（1985a）para.25による。

36　FASB（1995）paras.92-96による。前払報酬の資産計上の是非は，税効果会計に
　　も影響した。

37　Swieringa（1987）によれば，FASBは，行使可能日に公正価値の測定を行うよ
　　うに視点を転換したという。また，FASB（1993）para.99およびFASB（1995）
　　para.150に，行使可能日が測定日の有力候補であったことが述べられている。

38　FASB（1995）para.150による。

39　Rubinstein（1995）p.20による。

40　FASB（1990）Chapter 2の議論を参照のこと。これはFASB（1985）に基づい
　　ている。

41　FASB（1993）paras.95-98およびFASB（1995）para.149による。

42　Rubinstein（1995）pp.21-22による。

43　FASB（1995）による。

44　FASB（1995）paras.92-96による。この点は税効果会計にも影響があった。

45　FASB（1995）para.88による。

46　FASB（1995）para.89による。

47　FASB（1995）para.88による。

48　FASB（1995）para.89による。

49　大日方（1994）第4章による。

50　FASB（1993）およびFASB（1995）にも，行使日のストック・オプションの公
　　正価値を費用計上する方法が紹介されているが，その場合，ストック・オプショ
　　ンは負債とみることになるとされた。

51　FASB（2000c）による。

52　FASB（1995）para.15による。

53　FASB（1995）para.23による。

54　FASB（1995）para.232による。

55　FASB（1995）paras.11-15において，従業員向けストック・オプションについ
　　て，APB意見書第25号による本源的価値法の適用が認められていると述べられて
　　いる。それに対して，非従業員向けストック・オプションについて，paras.8-10お
　　よびparas.70-73において説明されるが，詳細な説明はFASB（2000c）による。非
　　従業員には，社外取締役，独立契約当事者，取引業者が挙げられた。

56　FASB（2000c）paras.5-6による。

57　FASB（2000c）paras.2-4による。

58　FASB（2004）para.B.4による。

59 FASB（2004）para.B.5による。

60 FASB（2004）para.B.5による。

61 FASB（2004）para.B.6による。

62 FASB（2004）para.B.9による。

63 AICPA（1972a）para.16による。

64 AICPA（1972a）para.17による。

65 FASB（1992）para.36による。

66 FASB（1993）para.170およびpara.174による。

67 FASB（1993）paras.170-171による。

68 FASB（1993）para.29およびparas.173-174による。

69 FASB（1993）para.170による。

70 FASB（1993）para.201の仕訳による。

71 FASB（1993）paras.170-171による。

72 FASB（1995）para.293による。

73 FASB（1995）para.226による。

74 FASB（2004）para.58による。

75 FASB（2004）para.59による。現行のASC718-740-25-3を参照のこと。

76 FASB（2004）para.58およびpara.B.207による。現行のASC718-740-25-2を参照のこと。

77 FASB（2004）para.61による。現行のASC718-740-30-2を参照のこと。

78 FASB（2004）para.62およびpara.B.208による。現行のASC718-740-30-1を参照のこと。

79 FASB（2004）para.62およびpara.B.209による。

80 FASB（2004）para.A.94による。現行のASC718-20-55-12から22までを参照のこと。

81 FASB（2004）para.62による。現行のASC718-740-45-2を参照のこと。

82 FASB（2004）para.B.207による。現行のASU718-740-30-2を参照のこと。

83 FASB（2004）paras.B.208-B.209による。

84 FASB（2004）para.63による。

85 FASB（2004）para.B.210による。現行のASU718-740-35-5を参照のこと。

86 FASB（2004）para.B.211による。

87 FASB（2004）para.B.213による。

88 FASB（2004）para.B.214による。

89 FASB（2004）para.A.95による。

90 FASB（2004）para.28による。

91 先行研究として，野口（1998）がある。

92 FASB（1978）による。FASB（1978）の内容は，FASB（2004）に引き継がれた。

93 FASB（2004）para.34による。

94 FASB（2004）para.31による。

第6章

日本企業のストック・オプションの特徴と
自己新株予約権の処理

第1節 はじめに

　ストック・オプションをはじめとする株式関連報酬が日本で導入されて久しい。米国では，百年以上前からストック・オプション報酬があったが，日本では，1997年に，ストック・オプション制度が本格的に導入された[1]。その後，会計基準も設定されたが，日本企業において，ストック・オプションはどの程度，活用されているのであろうか。

　ウィリス・タワーズ・ワトソンと三菱UFJ信託銀行株式会社による株式報酬導入状況に関する共同調査[2]（以下，共同調査と記す）によれば，2016年7月から2017年6月末日までに至る1年間に，ストック・オプションを付与した事実をプレスリリースにより発表した上場企業の数は，643社であった。このうち，前年より継続してストック・オプションを付与した企業数は450社であり，また，いわゆる通常のストック・オプションを付与した企業は155社であったという。

　本章では，日本企業のストック・オプション報酬の事例をみながら，会計基準や形式について議論する。その際，米国で考案されたストック・オプションの原型が会計基準上前提とされているが，日本企業のストック・オプションの

形式や条件がそれと同じであるかについて注目する。たとえば，前述の通常の
ストック・オプションとは，会計基準上前提とされている形式であるが[3]，ス
トック・オプションを付与した日本の上場企業643社のうちで，155社しか導入
されていない。他方，ストック・オプションを付与した企業643社のうち，488
社が，通常のストック・オプションとは異なる形式のストック・オプションを
採用していることになる。また，通常のストック・オプションを付与した日本
の上場企業155社のうち，併行してそれとは異なる形式のストック・オプショ
ンを採用していることもある。そのような形式のストック・オプションに関す
る会計問題を検討した後に，本章の最後に，ストック・オプションを，発行企
業が自己新株予約権として取得したケースを題材に，資本取引と損益取引の違
いを分析する。

　最初に，通常のストック・オプションについて，日本の制度と会計基準を確
認してみよう。この形式は米国で長い間行われてきたストック・オプションの
原型であるので，日本の会計基準，米国の会計基準，国際財務報告基準をとり
あげる。

第2節 | ストック・オプションに関する会計基準と考え方

1　新株予約権の無償付与に関する基本的な考え方

　通常のストック・オプションとは，企業が，新株予約権を無償で付与するこ
とを意味する。その際，原則として，付与対象者は限定されない。ストック・
オプションが初めて報酬制度として行われた米国，そして，1997年に解禁され
た日本においても，現在では，付与する企業の取締役・従業員だけではなく，
子会社の取締役・従業員，取引先，コンサルタント（法務・会計のサービス業者
を含む）などに対しても，ストック・オプションの付与による支払が可能であ
る[4]。一般的に，ストック・オプションは報酬と考えられていたので，当初は，
取締役・従業員に対して，現金による報酬の支払の代わりにストック・オプ
ションを付与することがイメージされていた。しかし，実際には，取引先への

第6章　日本企業のストック・オプションの特徴と自己新株予約権の処理　*149*

ストック・オプションの付与を想定すると，費用の支払の他に，資産の購入や負債の支払のためにストック・オプションを付与することも考えられる。したがって，ストック・オプションの付与には，資産・負債・費用が関係する。つまり，この点で，ライツ・オファリングとよばれる，株主への新株予約権の無償割当とは大きく異なるのである。

　たとえば，資産の購入の際に，ストック・オプションを付与する場合，ストック・オプションを新株予約権として計上し，それを純資産とするならば，いわゆる現物出資と同様に処理できる。出資が金銭ではなく土地などの現物で行われる場合，受け入れた土地の金額と払込資本の金額は，どのように客観的に決められるのであろうか。新株予約権を純資産と見る場合，払込資本と同様に考えることができる。

　第4章と第5章で述べたように，土地を取得する際に金銭の支払ではなく，株式が発行される場合，土地の金額が先に決まるのか，払込資本の金額が先に決まるのかという点については，客観的に決まるほうの金額でよいとされる。つまり，株式の発行価格か土地の取引金額のうちのどちらかである。同様に，土地の取得の際に，新株予約権を付与した場合，土地の金額と新株予約権の発行価格のうち，客観的に決まるほうの金額となり，結果的に両者は等しい金額であるとされる。このように考えると，取締役・従業員への報酬の支払，賃借料の支払，コンサルティング料などサービス費用の支払に，ストック・オプションを用いる場合には，費用の金額と新株予約権の金額はどのように決まるであろうか。

　ストック・オプションのような新株予約権の無償付与のケースを見ると，一般的に，資産や費用の金額をあらかじめ決めるのではなく，付与する新株予約権の数や行使価格などの条件を決めている。逆に，土地などの資産や費用の金額が先に決まり，それに合わせて新株予約権の数を決めることもあるかもしれない。ただ，多くの場合，前者に該当するので，その状況下で，資産・費用の金額と，新株予約権の金額のどちらが客観的に決まるのかを考えてみよう。

2　費用の計上と新株予約権の計上

　前述のように，土地のような資産が，新株予約権の付与と引き換えに取得されるケースでは，受け入れた資産の金額か新株予約権の発行価格のうち，客観的に決まるほうの金額が計上される。新株予約権がストック・オプションとして付与される場合，何らかの金額が報酬費用と新株予約権として計上されるはずである。しかし，報酬として付与される場合には，新株予約権の個数や行使価格などが開示されるだけで，費用の金額はストック・オプションの条件の中に示されるわけではない。そのような場合，報酬費用の金額はどのように決められるのであろうか。

　たとえば，ストック・オプションの付与による報酬を，報酬費用として計上すると，同額の新株予約権が計上されると考える。このうち，新株予約権について，発行価格に相当する公正価値は，オプション・プライシング・モデルの利用により算定が可能である。また，有償で発行される新株予約権の発行価格を算定したうえで，ストック・オプションとしての性質を加味して算定することもできる。計算モデルには，ブラック・ショールズ・モデルや二項格子モデルがあり，会計基準にも，採用するモデルに関する説明が示されている。そこでは，行使価格，株価，行使のための条件，行使期間，株価変動幅（ボラティリティ：volatility）によりオプション価値を算定し，ストック・オプションの特徴である譲渡不可能な点，そして退職後もストック・オプションが有効か否かという点を考慮することになる。なお，株価変動幅が大きいと公正価値もその分大きくなり，譲渡不可能なオプションの公正価値はその分小さい。

　日本の会計基準・米国の会計基準・国際財務報告基準では，ストック・オプションとして付与された新株予約権の公正価値は，権利確定日までに計上される報酬費用の合計金額に等しく，付与日に公正価値が計算されたのちに，権利確定日までの退職による失効分を調整するなど，権利確定日までは，公正価値の修正が可能である。このように新株予約権の公正価値が計算されたうえで，権利確定日までに報酬費用として費用配分される形となる[5]。次に，新株予約権がどのように処理されるかについて，確認してみよう。

3　新株予約権として計上されたストック・オプションの処理

　新株予約権の処理については，日本の会計基準と米国の会計基準・国際財務報告基準とでは大きく異なる。無償で付与されたストック・オプションに限らず，有償による発行の場合も同じであるが，日本では，新株予約権を，払込資本とは区別して，独立項目として純資産の部に計上する[6]。

　ストック・オプションが行使されれば，純資産の独立項目として計上された新株予約権は，払込資本に算入される[7]。もし，行使されないまま期限切れの場合には，権利不行使による失効として，新株予約権戻入益として利益に算入される[8]。

　それに対して，米国の会計基準と国際財務報告基準では，新株予約権は，発行時から払込資本に計上されるとともに，報酬費用が計上される[9]。もし，行使されないまま期限切れになった場合，払込資本に計上された新株予約権を利益に算入することはできないため，株式発行が行われなくても，払込資本に算入されたままである[10]。米国の会計基準には，仕訳の説明においてストック・オプションが払込資本であるとして説明されるほか，報酬費用を取り消せないため，行使されないまま期限切れになった場合，新株予約権を利益に算入することはできないという。第1章と第2章でみたように，米国では，有償で発行された新株予約権も，発行時に払込資本に算入され，行使されずに期限切れとなった場合もそのままである。この点は，株主からの払込のみを払込資本とする日本の考え方とは大きく異なっている。

4　米国のストック・オプション会計基準の変遷

　前述のように，新株予約権が当初から払込資本となるのか，行使されてからはじめて払込資本となるのかの違いはあるにしろ，報酬費用が計上される点は，日本基準・米国基準・国際財務報告基準で共通している。そもそも，ライツ・オファリングとは異なり，現金の払込を伴わずに発行された新株予約権の公正価値が，報酬費用とともに貸方に計上される会計処理は，どのような経緯で行われるようになったのであろうか。この点については第5章で述べたが，再度

確認する。

　ストック・オプションに関して，現金支払と同様に報酬費用を計上すること
と規定したのは，米国の会計基準がはじめてであった。第5章で述べたよう
に，米国では，2004年までは，ストック・オプションの付与による報酬につい
て，新株予約権の公正価値に等しい報酬費用を計上することは，強制されてい
なかった。まず1995年に，新株予約権の公正価値に等しい報酬費用を計上する
ことが，ストック・オプションの会計基準として規定されたが，この処理は強
制ではなく，推奨される方法として位置づけられていた。公正価値法に基づく
報酬費用が計上されない場合，ストック・オプションの公正価値に関する開示
が財務諸表注記で行われるよう要求されていた。

　しかし，第5章で述べたように，2001年より，エンロンなど会計不正
（financial reporting failures）を伴う破綻が相次いだ時に，ストック・オプショ
ンの公正価値を費用計上する方法を自発的に選択する企業が増加した[11]。その
後，2004年に，米国基準では，ストック・オプションの付与の際，新株予約権
の公正価値を報酬費用として計上する方法が義務づけられるようになった。

　なお，国際基準では，2000年のポジション・ペーパーと2002年の公開草案で
ストック・オプションの公正価値を費用計上する方向が固まり，2004年に，国
際財務報告基準第2号「株式に基づく報酬」が設定された。

　日本では，ストック・オプションについて，当初，新株予約権の無償発行と
いう特徴が重視され，2007年のストック・オプション会計基準の設定以前は，
実務上もストック・オプションについての費用計上が行われなかったが，ス
トック・オプション会計基準により，新株予約権の公正価値を株式報酬費とし
て計上することとなったのである。

　前述のように，米国では長い間ストック・オプションが活用され，1995年に
ストック・オプションの公正価値の費用計上を要求する会計基準が設定された
ものの，強制ではなく[12]，会計不正を伴う企業の破綻をへて2004年に，現在の
ような公正価値を費用計上する方法が義務づけられた。実際，米国では，2004
年以降，いわゆる通常のストック・オプションはあまり活用されなくなり，負
債に分類される株式関連報酬や，制限付きの自社株式の付与（restricted stock
or awards）などの別の形の株式関連報酬が多く活用されるようになった。日

第6章　日本企業のストック・オプションの特徴と自己新株予約権の処理　*153*

本では，ストック・オプション制度が解禁された時期が遅かったものの，2007年のストック・オプション会計基準による新株予約権の公正価値の費用計上は，日本の発行形式に何らかの影響を与えたのであろうか。日本企業のストック・オプションの発行例と実際に行われている会計処理を確認してみよう。

第3節 │ 日本企業のストック・オプションの発行例

　前述の日本企業に対する株式関連報酬に関する共同調査によれば，2016年7月から2017年6月末日までにストック・オプションを付与した上場企業は643社であり，そのうち，通常のストック・オプションを付与した企業は155社であった。まず，通常のストック・オプションが日本企業でどのように計上され開示されているかをみてみよう。その後，他の種類のストック・オプションについてもみていくことにする。

1　通常のストック・オプション報酬の計上と開示

　通常のストック・オプションを付与した企業の1つとして，商船三井の有価証券報告書（平成28年3月期）をみてみよう。「提出会社の状況」の中で，「株式等の状況」のうち，「新株予約権等の状況」では，新株予約権の行使時の払込金額（行使価格），付与対象者，報酬として付与される新株予約権の個数，失効に関わる条件が開示されている。また，権利行使により株式を発行する場合の株式の発行価格も，確認できる。

　さらに，「連結財務諸表等」の注記には，「ストック・オプション等関係」があり，そこには，「販売費及び一般管理費」の内訳として，「ストック・オプションにかかる費用計上額」が開示されている。会計基準では株式報酬費とされているもので，損益計算書に計上されることが示されている。加えて，「ストック・オプションの内容」として，付与日，付与対象者，ストック・オプションの数，権利確定条件，対象勤務期間，権利行使期間が開示され，「ストック・オプションの公正価値に関する説明」として，「付与日における公正

な評価単価」が「単価情報」において開示されている。なお，注記では，「ストック・オプションの公正な評価単価の見積方法」も説明され，採用した評価技法（計算モデル）や見積りの際に用いた変数についても言及される。

この「付与日における公正な評価単価」に，権利確定数を乗じることで，ストック・オプションの公正価値が算定される。権利確定数の見積りの際には，将来の失効数の合理的な見積りは困難であるため，実際の失効数を反映させる方法を用いているという。

連結損益計算書の「販売費及び一般管理費」には，株式報酬費が計上され，連結貸借対照表の純資産の部の新株予約権に，公正価値に等しい金額が計上される。p.157の**図表6-1**では，大和証券グループ本社の有価証券報告書における，ストック・オプション報酬の計上と開示を紹介した。そこでは，権利確定条件や対象勤務期間に関して，大和証券グループ本社の「第13回新株予約権」（これが通常のストック・オプションに該当する）には設定が行われている。しかし，前述の商船三井には一切条件が設定されていないなど，企業ごとに異なる点がある。なお，権利確定までの期間が設定されていない場合には，付与時に，公正価値分の株式報酬費を計上すると考えてよい[13]。評価技法は，ブラック・ショールズ・モデルがほとんどである。

では，通常のストック・オプションの他に，どのようなタイプのストック・オプションが付与されるのであろうか。ストック・オプションとは，本来は無償で付与するタイプを意味するが，有償ストック・オプションもかなりみられている。前述の共同調査では，上場企業のうち，有償ストック・オプションのみを付与した企業は106社であった。この点について状況をみてみよう。

2　有償ストック・オプション

前述のように，米国でストック・オプションが活用されたのは，取締役・従業員にインセンティブを与える目的のほか，かつて，公正価値に等しい報酬費用の計上を義務づけなかった会計基準の適用が理由でもあった。米国では，ストック・オプションの費用面での利点は2004年以降に失われたので，原型となった通常のストック・オプションは以前よりも盛んではない。そのような状

況に対して，米国のマイクロソフトのように，ストック・オプションの新たな付与を中止するなどの対応も考えられるが，費用の計上を最低限に抑えられるような新たな形式のストック・オプションの設計が模索されてきた。

このような状況で，日本では，取締役・従業員に対して，ストック・オプションの有償での付与が行われるようになった。有償で付与されれば，支払が伴うので，支払金額が新株予約権として計上される。そこでは，報酬費用は計上されない。

このような有償ストック・オプションは，上場企業でも，ソフトバンクやペプチドリームなどベンチャー・ＩＴ系企業，他に，電通や大和ハウス工業で導入された。このうち，大和ハウス工業の有償ストック・オプションの対象は，経営幹部のみであった。

有償ストック・オプションの発行事例を見ると，業績や財務目標に応じて行使条件が設定されており，通常のストック・オプションに比べると，かなり厳しい行使条件が設定されるケースも見受けられる。行使条件が付いたストック・オプションの場合，行使の可能性からみて，通常のストック・オプションの公正価値よりは，かなり低い金額で評価されることが予想される。そう考えると，厳しい行使条件の付いた有償ストック・オプションを付与される者の支払の金額は少額であるかもしれない。

このように，有償ストック・オプションは，通常のストック・オプションの公正価値よりもかなり低く算定されたうえで，払込が行われ，新株予約権が計上されるが，株式報酬費は計上されない。したがって，ストック・オプションには該当しないとされるが，ストック・オプション会計基準における費用計上の規定に対応した企業の反応として解釈できる。しかし，このような有償ストック・オプションに関して，払込金額が小さい新株予約権について，費用計上を求める動きが，日本の会計基準において起こっている。この点については，機会を改めて検討したい。

3　株式報酬型ストック・オプション

前述のように，ストック・オプションを付与した上場企業643社のうち，通

常の無償付与が155社，有償での付与が106社であるが，それ以外には，どのようなストック・オプションが付与されているのであろうか。

　日本企業では，ストック・オプションの発行例が少なく，株式報酬そのものの比重も小さいと思われている。しかし，多くの上場企業は，通常のストック・オプションとは異なる形で，「株式報酬型ストック・オプション」を付与している。これは，取締役が退職する際に支給されていた退職慰労金の制度を廃止する代わりに導入されたと説明されることが多い[14]。取締役は，退職慰労金の代わりに，在職時にストック・オプションが無償で付与され，退職後数年以内に行使し，購入した自社株式を売却することが想定されているのである。

　この株式報酬型ストック・オプションが通常のストック・オプションと異なる点は，前者の行使価格が１円であるケースがほとんどであるという点である。この場合，権利が確定すれば，すぐに行使可能であり，取締役としての活動により株価を上昇させようとするインセンティブは全く働かない。反対に，通常のストック・オプションの場合，行使価格を付与日の株価以上に設定することで，株価上昇へのインセンティブになるように設計されることが多い。

　株式報酬型ストック・オプションのように行使価格が１円であっても，会計上は，新株予約権の公正価値を計算し，株式報酬費が計上される。株式報酬型ストック・オプションを採用している日本企業は多く，特に退職慰労金制度を廃止した伝統的な大企業が目立つ。有価証券報告書を見ると，アステラス製薬，大和証券グループ本社，三菱商事，三井金属，クラレ，東レなどがある。前述の共同調査によれば，株式報酬型ストック・オプションを付与した上場企業が421社であるので，ストック・オプションを付与した上場企業のうち60％を超えている。

　なお，先に紹介した大和証券グループ本社では，前述の通常のストック・オプションの他に，取締役向けの株式報酬型ストック・オプションが共に実施され，公正価値で計算された株式報酬費が認識されている。この２種のストック・オプションを同じ年度に付与した上場企業は39社あるという。

　大和証券グループ本社の有価報告書では，**図表6-1**のように，通常のストック・オプションと株式報酬型ストック・オプションの両方の公正価値が示され，使用する計算モデルは両者のストック・オプションで異なる。株式報酬型

第6章　日本企業のストック・オプションの特徴と自己新株予約権の処理　*157*

ストック・オプションは二項格子モデルで計算されたが，通常のストック・オプションはブラック・ショールズ・モデルで計算された。また，両者のストック・オプションでは，行使価格，権利確定期間，行使期間などの条件が大きく異なる。これらの条件の違いから，株式報酬型ストック・オプションの公正価値は，通常のストック・オプションの公正価値と比べると，とても高い金額で算定されている。それは，行使価格が１円であるゆえ行使が確実であるからである。このように，日本企業において，公正価値の大きい株式報酬型ストック・オプションが普及していることから，ストック・オプション会計基準による新株予約権の公正価値が費用計上されるので，費用計上を回避するためにストック・オプションの無償付与が行われないという予想は，あてはまらないように思える。

図表6-1　**２種類のストック・オプションの公正価値の費用計上**
──大和証券グループ本社有価証券報告書平成29年３月期より抜粋
（平成29年２月発行のストック・オプションのみ紹介）

（ストック・オプション等関係）
３　ストック・オプションの内容，規模及びその変動状況
（１）ストック・オプションの内容

会社名	提出会社	
新株予約権の名称	2017年２月発行新株予約権	第13回新株予約権
付与対象者の区分及び人数	当社の取締役，執行役及び執行役員　　　　　　19名 当社の子会社の取締役及び執行役員　　　　　90名	当社の使用人並びに当社子会社及び関連会社の取締役，執行役員及び使用人 　　　　　　　　　3,482名
株式の種類及び付与数（株）	普通株式　　　574,000	普通株式　　　7,448,000
付与日	平成29年２月８日	平成29年２月８日
権利確定条件	権利確定条件は付されておりません	付与日以降，権利確定日（平成33年６月30日）まで継続して勤務していること

対象勤務期間	対象勤務期間の定めはあり ません	平成29年 2 月 8 日～ 平成33年 6 月30日
権利行使期間	平成29年 2 月 8 日～ 平成48年 6 月30日	平成33年 7 月 1 日～ 平成38年 6 月27日

（2）ストック・オプションの規模及びその変動状況

当連結会計年度（平成29年 3 月期）において存在したストック・オプションを対象とし，ストック・オプションの数については株式数に換算して記載しております。

②単価情報

会社名	提出会社	
新株予約権の名称	2017年 2 月発行 新株予約権	第13回 新株予約権
権利行使価格(円)	1	767
行使時平均株価 (円)	権利行使なし	権利行使なし
付与日における公 正な評価単価(円)	707.9	122.1

4 ストック・オプションの公正な評価単価の見積方法

当連結会計年度において付与されたストック・オプションについての公正な評価単価の見積方法は以下のとおりであります。

会社名	提出会社	
新株予約権の名称	2017年 2 月発行新株予約権	第13回新株予約権
使用した評価技法	二項格子モデル	ブラック・ショールズ式
主な基礎数値及び 見積方法		
株価変動性 (注) 1	42.6%	33.5%
予想残存期間 (注) 2	1 日	6.9年

予想配当 （注）3	29円／株	
無リスク利子率 （注）4	0.71%	△0.01%

（注）1　2017年２月発行新株予約権については，付与日からストック・オプションの満期までの期間19.4年を遡った平成９年９月からの株価実績に基づき算定しております。第13回新株予約権については，付与日から予想残存期間6.9年遡った平成22年３月からの株価実績に基づき算定しております。
　　　2　2017年２月発行新株予約権については，対象勤務期間がないものとし，付与日のみを予想残存期間としております。第13回新株予約権については，十分なデータの蓄積がなく，合理的な見積もりが困難なため，権利行使期間の中間点において行使されるものと推定して見積もっております。
　　　3　平成28年３月期の配当実績によっております。
　　　4　2017年２月発行新株予約権についてはストック・オプションの満期までの期間，第13回新株予約権については予想残存期間に対応する期間の国債の利回りであります。

5　ストック・オプションの権利確定数の見積方法
　将来の失効数の合理的な見積もりは困難であるため，実績の失効数のみを反映させる方法を採用しております。

※筆者注：「2017年２月発行新株予約権」は，株式報酬型ストック・オプションである。「第13回新株予約権」は，通常のストック・オプションである。

　なお，株式報酬型ストック・オプションを付与した企業の権利確定条件などをみると，行使期間が全体に長いが，行使開始となる日は取締役の地位を喪失した日以後とするものが多く[15]，実際に行使可能である期間は，10日間から５年間に至るまで幅広い例があった。計算モデルについては，大和証券グループ本社は二項格子モデルであるが，クラレはブラック・ショールズ・モデルであるなど，企業によって違いがある。
　株式報酬型ストック・オプションは，行使時に１株１円の払込であることがほとんどであるので，行使日の払込資本の増加金額は微小である。むしろ，付与日に計算される新株予約権の公正価値に等しい金額が，純資産の部の新株予約権に計上されたうえで，行使日に払込資本に算入されるが，この新株予約権の金額が払込資本に占める割合が高いと思われる。つまり，株式報酬型ストッ

ク・オプションは，ストック・オプションの付与時に，株式そのものを付与したことに等しいと考えることもできる[16]。そのような場合には，株式報酬型ストック・オプションに限定して，ストック・オプションの付与時に払込資本の増加を認識することも考えられる。

　前述のように，株式報酬型ストック・オプションは，権利確定条件が全くないか，あるいは条件がゆるいゆえ，行使の可能性が高いため，付与された者に対してインセンティブにはならない。そのような意味で，通常のストック・オプションと区別して考えることもできるかもしれない。前述のように，株式報酬型ストック・オプションの付与時に，純資産の部の独立項目としての新株予約権ではなく払込資本を増加させる考え方も提案されているが，日本の会計基準では，行使前，すなわち株式発行に先立って払込資本を増加させることは想定されていない。また，そもそも，株式報酬型ストック・オプションは，退職慰労金に相当する株式の付与であり，権利行使した者の株式の売却が前提とされている。その点で報酬として説明されないのであれば，通常のストック・オプションと区別して考察することもできよう。

　日本の株式報酬型ストック・オプションに似たケースとして，米国の負債と資本の区分に関する「予備的見解」での議論がある[17]。この予備的見解は，株主による払込のみを資本とする立場に立ち，新株予約権と株式とを区別しようとしていたが，行使価格が0.01ドルの新株予約権（warrant）に関しては，株価と比較して行使価格が極小（nonsubstantive）である場合は株式発行が確実なので，新株予約権を株式と同じとみることができるとされた。そこでは，行使価格0.01ドルという数値そのものよりも，株価と比較して極小であるかによって，行使の確実性が判断されていた。この考え方を採用すると，日本では付与時に純資産の部に計上されている通常のストック・オプションとは区別して，行使価格１円の株式報酬型ストック・オプションを，付与時に株式と同様に払込資本とすることも可能であるかもしれない。

第6章　日本企業のストック・オプションの特徴と自己新株予約権の処理　*161*

<h2>第4節 | ストック・オプションと自己新株予約権
——SBI ライフリビングの事例から</h2>

　いつまでも行使されないストック・オプションがある場合，どうなるであろうか。場合によっては，ストック・オプションを発行した企業が，未行使状態のストック・オプションを自己新株予約権として取得するケースがあるかもしれない。自己新株予約権としてストック・オプションを取得した後には，消却するか，あるいは，新たにストック・オプションを付与する場合に自己新株予約権を処分することもできる。

　自己新株予約権の取得については，取得条項を付けて，新株予約権を発行した後に取得・消却するか，あるいは，第3章でみたように，転換社債型新株予約権付社債を発行時に区分法で処理した場合に，その後取得条項に基づいて取得・消却することが考えられる。しかし取得条項を付けなくても，自己株式のように，自己新株予約権が取得されることも可能である。

　ここでは，ストック・オプションとして新株予約権が無償で付与された後に，自己新株予約権が取得された事例を検討する。かつて，SBIライフリビングが，ストック・オプションとして無償付与した新株予約権を自己新株予約権として取得した後に，処分や消却を行ったことがある。極めて特殊なケースであるが，会計処理について考えてみたい。

1　自己新株予約権の取得と処分の事例

　SBIライフリビングは，平成20年6月1日付で，株式交換によるSBIプランナーズの100％子会社化に伴い，ストック・オプションを4,000個付与した。付与対象者は，子会社・関係会社の取締役・従業員であった。権利確定条件や対象勤務期間の定めはなく，権利行使期間は平成20年6月1日から平成25年3月31日までであったが，平成24年6月22日開催の株主総会において，行使期間を平成28年3月31日まで延長した。行使時の条件は，権利行使時に当社あるいは子会社の取締役・従業員の地位にいることであるが，任期満了や定年退職の場合はこの限りではない。行使価格は270,834円であった（平成25年6月1日には

株式分割があり1株が500株となったので，行使価格が調整されて542円となった）。

　自己新株予約権の取得が行われたのは，平成25年3月28日であり，901個が取得された。そのうち637個について即時に処分された。その結果，平成25年3月31日時点で，自己新株予約権は10,360,000円であったが，平成25年3月期の損益計算書には，自己新株予約権回収益が35,357,000円計上されており，無償で取得されたと考えられる。取得時の処理は以下のようになる。

　　自己新株予約権　35,357,000　／　自己新株予約権回収益　35,357,000

　このように，取得時には，自己新株予約権と自己新株予約権回収益がともに35,357,000円計上されるが，自己新株予約権は，日本の会計基準では，純資産の部の新株予約権の控除金額として位置づけられている[18]。今回，新株予約権の残高が自己新株予約権の金額を下回ったので，新株予約権から自己新株予約権を差し引いた金額はマイナスになった。

　自己新株予約権の処分の際には，次年度に現金が払い込まれることとなっており，処分先は当社の取締役・従業員であった。処分金額は，平成26年3月期のキャッシュフロー計算書によれば，24,997,000円であった。この637個の自己新株予約権の処分については，取得と同時であり，自己新株予約権の取得単価と処分単価は，ともに39,242円/個で同額であったので，処分差損益は計上されない。そこで，取得された自己新株予約権901個のうち637個が処分されたが，前述のように，次年度のキャッシュフロー計算書より自己新株予約権の処分金額が24,997,000円であるので，平成25年3月期は，未収金として計上し，同額の自己新株予約権を減額する。そこで，処分時の処理は以下のようになる。

　　未収金　24,997,000　／　自己新株予約権　24,997,000

　この段階での純資産の部の新株予約権は，8,328,000円であった。消却・行使・失効があれば新株予約権は減少する。

　平成25年4月18日に，先の未収金が現金化されるが，637個の自己新株予約権の処分に関する処理は，すでに平成25年3月期に行われている。その後，平成26年3月31日時点および平成27年3月31日時点で，自己新株予約権は264個であり，変化はない。ストック・オプションは行使が進み，新株予約権の個数

第6章　日本企業のストック・オプションの特徴と自己新株予約権の処理　*163*

と金額が減少しているが，自己新株予約権が減額されていないことから，消却は行われていないと思われる。ストック・オプションは，平成27年3月31日時点で3,033個であった。

2　自己新株予約権の取得と消却の事例

　平成27年5月1日に，SBIライフリビングは上場廃止となった。その後，5月11日に，取得済みの自己新株予約権のすべてが消却されたので，自己新株予約権の計上金額10,360,000円が消去される。次に，純資産の部に計上された新株予約権の金額6,314,000円とストック・オプションの個数3,033個から，1個あたりの評価単価を計算し，消却された264個分の新株予約権の金額を算定し，その分を消去することになる。

　結果として，消去される新株予約権の簿価は549,587円であり，自己新株予約権の取得金額が10,360,000円であったので，差額が自己新株予約権消却損として9,810,413円計上されるはずである。消却時は以下のように処理されると思われる。

　　　新株予約権　　　　　　549,587　／　自己新株予約権　10,360,000
　　　自己新株予約権消却損　9,810,413　／

　自己新株予約権の消却について，後発事象として，平成27年3月期決算の注記に説明が行われているが，貸借対照表と損益計算書では確認できていない。ただ，平成27年5月31日時点で，自己新株予約権はゼロであり，ストック・オプションの個数から，前述の処理はされていると思われる。

　さらに，5月26日に，未行使状態のストック・オプション814個について，自己新株予約権として無償で取得し，即時に消却が行われた。取得・消却されたストック・オプション814個の中には，現金払込を伴う自己新株予約権の処分による637個が含まれている。しかし，純資産の部の新株予約権の金額は，処分時の払込金額を反映せず，最初の無償付与の際の公正価値に等しい金額（株式関連報酬費）から計算された簿価である。3月31日時点の新株予約権6,314,000円から5月11日の消却分549,587円を差し引いて，新株予約権の残高

を計算した後，１個あたりの評価単価を計算する際，その分母は，３月31日時点のストック・オプションの個数3,033個から５月11日に消却された個数264個を差し引いた2,769個となる。そして，814個分のストック・オプションの簿価を計算し，消却による新株予約権の減額を行う。

　結果として，純資産の部に計上された新株予約権は，５月26日の消却により，1,694,558円減額されるが，無償で取得し消却され失効したことから，新株予約権の簿価が利益に算入されることになる。ここでは，新株予約権の簿価がそのまま利益となるので，消却直前の取得時には，自己新株予約権を計上する必要はない。つまり，取得と消却が同時に行われる場合，行使されないまま期限切れとなった際の処理と同じように，新株予約権戻入益の認識として，以下のように処理される。

　　　新株予約権　1,694,558　／　新株予約権戻入益　1,694,558

　しかし，本来，無償による取得の場合，自己新株予約権回収益が自己新株予約権の時価をベースに算定されるはずである。たとえば，自己新株予約権を無償で取得し，それが時価ベースでMであるとすると，無償取得の際には，自己新株予約権回収益がMだけ計上されるので，以下のように処理されることも考えられる。

　　　自己新株予約権　M　／　自己新株予約権回収益　M

　そして，即時に消却した場合，前述のように，純資産の部の新株予約権は1,694,558円消去されたうえで，取得時に計上された自己新株予約権Mは消去されるので，差額は消却に伴う損失として計上され，以下のように処理できる。

　　　新株予約権　　　　　　　　1,694,558　／　自己新株予約権　M
　　　自己新株予約権消却損　M－1,694,558　／

　取得と消却の２種の仕訳を通算させると，自己新株予約権は相殺され計上されないことになるため，以下のようになる。

| 新株予約権 | 1,694,558 | / | 自己新株予約権回収益 | M |
| 自己新株予約権消却損 | M−1,694,558 | / | | |

　その際，消却時には，自己新株予約権消却損が（M−1,694,558）円として計算されるが，取得時に自己新株予約権回収益Mが計上されるので，取得時と消却時が同年度の場合，損益を通算すると，結果として，利益が1,694,558円計上される。この結果は，新株予約権の簿価1,694,558円が利益に算入される処理と変わりはない。つまり，無償での取得と消却を同時に行うと，取得時に自己新株予約権を時価ベースで計上しても，結果的に，取得と消却を通じて新株予約権の簿価分の利益が計上され，失効される場合と同じ処理になる。つまり，消却予定で無償での取得が行われれば，自己新株予約権の時価は意味のないデータとなる。

　他方，無償での取得時に消却を前提としない場合には，消却されるか処分されるかが不明なため，自己新株予約権の時価は必要である。なお，有償で新株予約権を取得した場合は，取得と消却が同時に行われても，消去される新株予約権の簿価と自己新株予約権の時価に基づいた取得金額の差額が，消却損益として計上される。

3　自己新株予約権の会計基準の規定と事例分析

　日本の会計基準では，自己新株予約権の取得が，株主との資本取引ではなく，新株予約権者との損益取引であると考えられている[19]。取得時には，時価をベースにした取得金額が，自己新株予約権として計上される。事例では，無償で付与したストック・オプションを無償で取得したので，自己新株予約権回収益が取得金額に相当するものとして計上されたが，かつて株式報酬費として計上されたものが取り消されたことになる。この点について，米国基準と国際財務報告基準では，報酬費用の取り消しはないと考えられているので，損益取引とすることは難しいかもしれない。

　日本では，自己新株予約権の取得金額と処分金額が異なる場合，両者の差額が自己新株予約権処分損益として計上される[20]。その点は，自己株式の処分の

際に生じる自己株式処分差額がその他資本剰余金の増減で処理されるケースと大きく異なっている。もし，無償で取得した自己新株予約権を現金払込により処分した場合には，日本の基準では処分損益が計上されるが，SBIライフリビングのケースでは取得と処分が同時なので，取得金額と処分金額が一致し，処分損益は計上されなかった。

　自己株式と同様に，自己新株予約権を取得後に消却すると，自己新株予約権と新株予約権の両方が消去される。自己新株予約権の消去分は，取得時の時価をベースにした取得金額であり，これに対応する新株予約権の消去分は，以前から計上されていた簿価である。したがって，自己新株予約権の取得金額と新株予約権の簿価は，別物であり，一致するとは限らない。日本では，この差額を，剰余金の増減ではなく自己新株予約権消却損益として計上する[21]。この点も，自己株式の消却とは異なり，損益取引として処理されている。

　なお，米国基準と国際財務報告基準では，新株予約権を株式と同一のものとみて，払込資本として処理している。したがって，自己新株予約権は自己株式と同様に資本控除として処理される。このように考えると，米国基準と国際財務報告基準では，自己新株予約権の取得・処分・消却を資本取引として処理するので，処分や消却に関する差額については，損益ではなく，払込資本の増減で処理するものと思われる。

　事例では，無償で取得した自己新株予約権を消却したが，新株予約権の減少金額は簿価に基づくので，消却損益が，新株予約権の簿価と自己新株予約権の取得金額の差額分として計上される。先に紹介したように，取得と消却が同時あるいは同年度であれば，取得時の自己新株予約権回収益と消却時の損益が通算され，結果として，新株予約権の簿価が利益として計上される。ここでは，自己新株予約権の金額が時価ベースで計上されるが，取得と消却を通じて，相殺消去される。

　自己新株予約権に関する会計基準によれば，取得条項付で新株予約権が発行された場合，取得を行った時に，自社株式のみが交付され同時に消却を行ったときに限り，権利行使が行われた場合と同じように処理されるという[22]。つまり，新株予約権の簿価を払込資本に算入することになるが，このケースにあてはまらない時には自己新株予約権を取得時の時価で計上すると解釈できる。し

かし，先の事例では，取得条項なしで付与されたストック・オプションが，無償で取得され同時に消却を行った場合，新株予約権の失効と同じ処理となっていた。

　また，先の事例では，現金払込により処分された自己新株予約権を，再度無償で取得している。そこでは，自己新株予約権の処分金額が，純資産の部の新株予約権の金額に反映されていない。結局，新株予約権の無償付与が子会社・関係会社の従業員・取締役に対して行われたものの，無償で会社が取得したうえで，親会社の取締役・従業員に負担させる形となっていたことを示そうとしている。

第5節　おわりに

　本章では，日本企業のストック・オプションの特徴を整理することに主眼をおいたが，日本の会計基準，米国の会計基準，国際財務報告基準における考え方の違いについても検討を行ってきた。日本企業では，多様なストック・オプションがみられるが，株式報酬型ストック・オプションが多く，公正価値が大きいため，費用計上の金額が大きくなることを指摘した。したがって，日本では，必ずしも費用計上を回避するような報酬形式を選択するわけではない。また，株式報酬型ストック・オプションの行使価格が1円であることから，そのような行使が確実な新株予約権について，株式と同様にみなすべく，資本の定義に関する問題が提起された。

　本章後半では，ストック・オプションを自己新株予約権として取得する極めて特殊な事例を通じて，自己新株予約権が資本取引として処理されずに損益取引として処理される日本の会計基準の考え方について考察した。引き続き，米国基準や国際会計基準での資本の定義との関係に注目したい。

◆注─────────
1　1995年に，新規事業法の改正により，一部ベンチャー企業のストック・オプションの利用が解禁された。また，本章第1章および名越（1996b）でとりあげたよう

に，分離型ワラント債を利用した疑似ストック・オプションが付与されたことも
あった。

2　ウィリス・タワーズ・ワトソン・三菱UFJ信託銀行（2017）による。

3　企業会計基準委員会（2005b）は自社株式オプションの無償付与を前提とした会
計基準であるが，第2項によれば，ストック・オプションとは，自社株式オプショ
ンのうち，特に企業がその従業員等（雇用関係にある使用人，取締役，会計参与，
監査役，執行役並びにこれに準ずる者）に報酬として付与するものをいう。自社
株式オプションは，自社株式を原資産とするコール・オプションであり，新株予
約権が該当する。

4　ストック・オプション制度が始まった当初は，日本では，限定的な利用であっ
た。米国では，2004年までは，ストック・オプションの費用計上について，付与
対象者が従業員か従業員以外（取締役，取引先など支払相手すべて）かで，違い
があった。現在でも，米国の会計基準では，従業員か従業員以外かで，株式関連
報酬の会計の記述箇所が異なっている。

5　企業会計基準委員会（2005b）第5項，FASB（2004）p.3およびpara.5，IASB（2004）
paras.7-9による。なお，FASB（2004）の原案は1995年に設定された基準であ
り，公開草案として公表されたのが1993年であった。また，FASB（2004）は，
現在，Accounting Standard Codification（ASC）Topic718 Compensation-Stock
CompensationおよびTopic505-50 Equity-Based Payments to Nonemployeeに盛り
込まれている

6　企業会計基準委員会（2005b）第4項による。

7　企業会計基準委員会（2005b）第8項による。

8　企業会計基準委員会（2005b）第9項による。

9　FASB（2004）para.5（ASC718-10-25-2），およびIASB（2004）paras.10-13による。

10　FASB（2004）para.B159-B160によれば，無償で付与されたストック・オプション
は，有償で発行された新株予約権（stock purchase warrant）と同様に処理され
るという。有償で発行された新株予約権の処理は，ASC Topic 470-20 Debt with
Conversion and other Optionsによれば，Subtopic 470-20-25において，発行時に払
込資本となることが示されている。他方，IASB（2004）para.23では，権利確定日
後のストック・オプションの不行使による失効について，認識した報酬費用を事
後的に戻し入れることは禁じられている。

11　この点についてはFASB（2004）p.2およびparas.B4-B6による。2001年からの会
計不正を伴う経営破綻の原因は，特別目的事業体（SPE）の損失隠しであったが，
ストック・オプション報酬を費用計上しないことにも批判が高まっていた。この

頃の状況については，名越（2003）pp.74-75を参照されたい。

12　1993年の米国のストック・オプション会計基準の公開草案では，ストック・オプションの公正価値を費用計上する方法が強制されていた。FASB（1995）において，それが強制ではなくなった背景は，費用計上によりストック・オプションが活用しづらくなることを恐れた企業によるロビイング活動であったといわれている。この点について，FASB（1995）paras.57-62およびpara.376を参照せよ。

13　企業会計基準委員会（2005c）第18項による。

14　野口（2013）p.18は，日興コーディアルグループによる2003年の株式報酬型ストック・オプションの付与時の説明として，従来の退職慰労金の廃止が述べられたことに注目している。他方，山下（2016）p.44によると，近年では業績連動型の報酬制度の一部として位置づけたケースがあったという。

15　企業会計基準委員会（2005c）第55項では，役員の任期満了後にはじめて権利行使が可能となるストック・オプションについて，役員就任後の最初の任期におけるサービス提供と対価関係にあるものと推定されている。

16　野口（2013）pp.19-20では，1株1円の株式報酬型ストック・オプションについて，行使が確実なので，付与時に株式発行が行われた場合と同じ処理をすべきであると述べられ，新株予約権の計上についても問題提起を行っている。

17　FASB（2007）は，従来よりも資本を狭い範囲で限定し，新株予約権が資本にあたらないとしたうえで，行使価格が0.01ドルの新株予約権は，株価が高い時には資本に該当すると考えられた。しかし，あくまでも「予備的見解」という位置づけで，議論の1つであった。この論点については，野口（2013）p.19および山下（2016）p.51を参照せよ。

18　企業会計基準委員会（2007）第11項－第17項において，自己新株予約権の取得・保有・消却・処分の会計処理が規定されているが，計上方法は第13項による。

19　企業会計基準委員会（2007）第38項による。

20　企業会計基準委員会（2007）第17項による。

21　企業会計基準委員会（2007）第16項による。

22　企業会計基準委員会（2007）第12項および第38項による。

第7章

結論と今後の課題

第1節 本書の問題意識——負債と資本の会計の議論の範囲

　本書では，負債と資本について，新株予約権を用いた資金調達とストック・オプションの検討を通じて議論してきた。その際，議論の中心は，新株予約権の行使に伴う株式発行時の払込資本がどのように測定されるかという問題であり，さらに，新株予約権の性質に関する問題であった。特に，社債が株式に転換される場合の測定は，負債の評価と資本の測定が接近する問題であった。加えて，新株予約権の性質については，日本では，かつて，負債の部の仮勘定に新株予約権が行使されるまで計上され，権利行使が行われた時点で，払込資本に算入されていた。今では，新株予約権は純資産の部に計上されており，負債と資本の区分に関する動きを改めて問い直したことになる。

　第1章では，新株予約権の発行と権利行使の際の株式発行を考えるにあたり，資本会計に関する議論の範囲を分類した。現行の新株予約権制度は，日本では2001年の商法改正によって整備されたが，それ以前も新株引受権という名称で，新株引受権付社債が流通していた。事実上，新株予約権と従前の新株引受権とは同じ性質をもつものと考えることもできるが，単独で発行可能かどうかなどの点で異なっている。また，日米の新株予約権の発行事例に関する特徴的な

点を，第1章ではとりあげた。日本では，新株予約権の単独発行が可能となったが，米国では，社債に付されて発行された上で，発行後に，新株予約権を分離することができる。そのような違いを踏まえて，日米の会計基準における新株予約権の有償での単独発行の場合の処理の議論を紹介してきた。また，日本で新株予約権の付いた社債が発行されるケースについて，転換社債型であり取得条項が付いたものの発行が多いことについて，第2章と第3章でとりあげた。新株予約権がストック・オプションとして無償で付与されるケースについては，第4章から第6章にかけて，日米を中心にとりあげた。その際，新株予約権が単独で有償で発行される際に用いた議論が，ストック・オプションにも通用するかが焦点となった。

第2節 ┃ 資金調達手段としての新株予約権
──複合金融商品の発行

　第2章では，現行の新株予約権制度で制度化されている新株予約権の付いた社債の発行について分析した。新株予約権付社債は，負債証券と持分証券の両方の性質をもつ複合金融商品である。このような複合金融商品が発行される時には，将来の株式発行が予定されているが，必ずしも実行されるとは限らない。権利行使の時点が来たときに，あらかじめ定められた条件に照らして，社債権者が株式の交付を受けるどうかを決めるからである。

　国際会計基準や米国の会計基準では，転換社債のうちの転換権や新株予約権について，権利行使を待たずに，資本の増加を認める考え方が取り入れられている。ここでは，新株予約権と社債を区分して，前者を払込資本に算入し，後者を負債として処理することとなる。つまり，複合金融商品の発行時点で，後の権利行使による株式発行が確実であろうから，新株予約権への払込は，将来発行される株式への払込の一部であると考えられているためである。特に，国際会計基準では，制度的に，新株予約権と社債とが分離できないような転換社債にも，区分処理されるように規定している。

　第2章では，複合金融商品の範囲を把握し，日米の発行状況を検討することで，新株予約権付社債や転換社債の区分処理について，利益計算の観点から検

討した。新株予約権付社債といっても，社債部分は，額面と表面利率の同じ普通社債に比べて，有利・不利な条件で取引されるわけではないとすると，米国で制度上存在するような分離可能な新株予約権付社債か，分離不可能な新株予約権付社債か，あるいは転換社債型かで，利子費用に違いがあるとは思えない。つまり，新株予約権付社債の利子費用は，分離可能かどうか，また転換社債型かを問わずに，社債部分について普通社債と同様にとらえられることになる。新株予約権を区分処理する会計方法は，その観点から，発行価格と額面の差額であるディスカウントあるいはプレミアムを計算し，利子費用に配分しようとするものであった。分離不可能な新株予約権付社債のうち，行使時に代用払込が強制されるケースは，日本の新株予約権制度のもとでは，転換社債型に該当する。米国の会計制度では，前者の区分処理が認められていないのと同様に，転換社債についても，転換権に相当する新株予約権が区分されて処理されることはない。しかし，分離不可能な新株予約権付社債でも，新株予約権を区分して処理することができれば，転換社債型について，新株予約権を区分して社債部分に生じる利子費用を認識することはできよう。

　分離不可能な新株予約権付社債については，社債部分と同じ利子費用が認識されるとしても，転換社債型に関しても同じ利子費用の計算が要求されるかについては，さらに説明が必要であるが，国際会計基準で複合金融商品を負債と資本に区分する方法により，結果として利益計算は同じように行われる。日本の会計基準では，転換社債型という分離不可能で行使時の代用払込が強制されるケースのみが，区分処理を行わなくてもよいとされており，この点では，新株予約権の独立性というより代用払込が強制されているか否かに着目して会計基準が決められているといえる。しかし，このように利子費用の配分を決めても，新株予約権の性格が決まるわけではない。

　新株予約権が行使される時には，決められた金額の現金が払い込まれるか，あるいは社債部分の引渡による代用払込が行われるので，それに応じて払込資本の増加が認識される。ただし，現行の会計制度では，現金払込か代用払込かで，認識される払込資本の増加金額は異なる。代用払込のケースでは，社債部分の帳簿価格が払込資本に振り替えられるため，現金による払込金額に一致する保証はないのである。代用払込の場合に増加する払込資本がこのように認識

されるのは，株式発行時に損益が発生しないと考えられているからである。し
かし，第2章では，払込の形式によって払込資本の大きさが異なることのない
よう，少なくとも現金払込と代用払込との両方が認められているときには，ど
ちらのケースでもあらかじめ決められた現金での払込金額を払込資本とする方
法について，検討した。代用払込が行われる場合には，新株予約権の行使時に
社債部分が償還されて株式に払い込まれるという契約が，発行時点で交わされ
ていたと考えたのである。そこでは，償還金額がそのまま現金で払い込まれる
ため，債務の早期償還と同様に，社債部分の帳簿価格との差額を損益として認
識することができた。

　しかし，そのケースでは，代用払込といっても，尺度となる現金払込金額が
設定されていた。他方，新株予約権付社債が発行された時点で，権利行使時の
代用払込が強制される場合は，転換社債型に該当し，現金による払込金額にあ
たるものが存在しない以上，社債の帳簿価格を払込資本の金額とすることも1
つの方法であると考えられた。しかし，権利行使時における社債の引渡を早期
償還とみれば，償還金額ないし支払金額は，必ずしも帳簿価格に一致するわけ
ではない。たとえば，市場での買入償還のように，社債の時価が支払金額とな
り，それが払込資本の増加金額を決めることもありうるのである。この点につ
いては，米国の会計基準において，あらかじめ一部現金決済を伴う取得条項が
付いた転換社債の場合には，実際の決済方法が株式によるか現金であるかを問
わずに，払込資本の増加金額は，決済時の時価をもとに測定されることになっ
ている。つまり，株式による決済において，通常の転換とは異なり，払込資本
の増加金額を測定する際に，転換社債の簿価ではなく時価を選択するというこ
とである。続く第3章では，このようなケースで，払込資本をどのように測定
するかというような局面をとらえたものである。

　米国の会計基準に関するかつての議論をみると，転換社債の転換において，
増加する払込資本は転換社債の時価であるべきという主張があった。そこでは，
転換時に転換社債の時価と帳簿価格との差額が損益として認識されてよいとさ
れていた。このような処理に対して，転換社債の時価評価を通じて株価の変動
を損益として認識する結果になることが批判され，現行のように，転換社債の
帳簿価格を払込資本とするようになったのである。そこでは，株価の変動を損

益に含めることが問題となったのであって，転換時の損益の認識が問題とされたのではない。転換社債の時価評価に株価の変動が含まれることが問題になるなら，株価の変動に起因しない部分を区別して払込資本にする方法も考えられる。たとえば，転換社債を区分処理した場合，区分された社債部分の時価には，株価の変動が含まれない。したがって，社債部分の時価と新株予約権の当初認識額の合計額だけ払込資本を増加させ，同時に社債の損益を計上することは，上述の批判によっては否定されないはずである。

このように，転換社債の時価のうち，株価の変動に関連しない部分を払込資本に含めようとする立場から，区分処理した場合に認識される新株予約権を払込資本に算入する論理を説明することも可能である。しかし，この説明により，積極的に新株予約権の会計上の性格が決まるかは疑問であった。ここでは，払込資本の増加金額を転換社債の帳簿価格で決める米国の現行基準に対して問題提起を行う一方で，株価の変動を利益計算から取り除こうとする考え方を，さしあたり受け入れて考察を進めてきた。

前述のように，第3章では，転換社債について，通常の転換とは異なると考えるべきである一部現金決済を伴う取得条項の付いたタイプのものをとりあげた。新株予約権制度に関して，2006年5月施行の会社法により取得条項付の新株予約権付社債の発行が可能となった。そこでは，発行した新株予約権付社債の取得事由や交付財産を自由に選択できるものの，募集事項を決定するときに，取得に関する条件を定めなければならない。特に，選択する交付財産と取得の対価を明示することで，新株予約権付社債権者を保護することになるとされている。

会社法の施行後間もない2006年から現在に至るまで，多くの日本企業が，取得条項付の転換社債型新株予約権付社債を発行してきた。その背景には，新株予約権の行使は，基本的に新株予約権者の意思により行われるので，発行会社が行使や償還を強制することはできないということに対する対応である。つまり，新株予約権付社債の発行要領において，発行会社による取得の条件を定めておくことで，発行会社の意思による取得が可能となる。その結果，行使・償還に実質的に該当することが，発行会社の意思により行われることとなる。

第3章では，転換社債型に関して，取得条項が付いた場合の取得と消却を検

討する際，一括法と区分法の両方について，日本基準をベースに一括法を考察したのちに，米国の会計基準と国際会計基準での区分法による考え方も検討した。その際，取得条項に基づく取得・消却について，繰上償還あるいは転換と実質的に同じかどうかを検討してきた。実際の発行例から，株価が転換価格を上回るケースとそうでないケースとを区別して会計方法を導く考え方は，行使を前提とするか否かで分けて考えるので，一定の合理性があると思われる。

発行済みの転換社債の取得と消却が同時に行われる場合，発行時点で定められる取得条項の存在により，そのことが発行時点で明らかにされている場合，自社株式による取得と消却は，転換と経済的実質が同じであるから同じ会計処理を行うべきとする考え方は整合的なものといえた。しかし，同じように取得と消却が同時に行われることが発行時点で明らかである場合に，現金と自社株式による取得と消却が，転換と経済的実質が同じであるとみるかについては，日本の会計基準において説明することは可能であったが，発行する株式の時価を無視することになり，転換と実質的に同じかどうか疑問が残った。

米国の会計基準では，一部でも現金決済の可能性のある転換社債について，通常の転換社債とは区別され，発行時の処理について，区分法が義務づけられている。特に，現金決済の可能性のある転換社債について，自社株式による決済が一部あるいは全部について行われた場合，社債の帳簿価格ではなく時価に基づいて払込資本の増加金額が定められている。すなわち，転換社債の発行時点で，一部でも現金決済の可能性があると発行要領に定められれば，米国では，それに従った取得と消却は，転換と異なるものであるとみなすことになる。また，この場合，国際会計基準でも，転換権が負債とされる区分法が適用されるなど，一般的な全部株式決済型の転換社債とは異なる処理である。

第3節 | 決済手段としての新株予約権
── ストック・オプションと自社株式

第4章では，自社株式による決済を伴う債務を対象に，負債と資本の区分に関する問題をとりあげた。1990年代後半より，自社株式を決済の手段として用いるケースが増加した。報酬として新株予約権を無償で付与するストック・オ

プションも，そのひとつである。ストック・オプション以外に，資産の購入や費用の発生時に，自社株式あるいは自社株式を購入する権利である新株予約権を無償で付与する契約を結ぶことができる。このようなケースは，自社株式による決済あるいは支払とよばれている。

本来，株式の発行は，企業の資金調達のために行われるが，ストック・オプションの権利行使のように，株式発行が決済の手段として行われると考えることもできる。一般的に，株式発行の目的が資金調達か決済かで，異なる会計処理をすることは考えられない。しかし，上記のように，資金調達の目的以外での株式発行の普及を背景に，2000年前後から，米国の会計基準や国際会計基準において，自社株式による決済を伴う債務について，負債と資本の区分の観点から，問い直そうとする試みが行われてきた。

第4章では，ストック・オプションや自己株式に関する議論を行うことで，負債と資本の区分に関する会計がどのように変わったのかをとりあげた。その際，自社株式による決済を伴う債務が負債であるか資本であるかについて検討を行った結果，米国の基準や国際会計基準では，自社株式による決済を伴う債務のうちの一部を負債に分類することとなった。その後，負債の概念および負債と資本を区分するためのアプローチがどのような変遷を遂げたのかについて注目すると，現金などの資産ではなく自社株式の発行により決済する債務を負うことは，負債と資本のどちらにも計上しうるという議論の方向性が説明された。そこでは，自社株式による決済に対する考え方とアプローチは変わらないままで，そもそも，負債と資本を区分するための考え方とアプローチが次第に変わっていったことが明らかにされた。

たとえば，自社株式による決済を伴う債務を保有する者が，「債権者」であるか「株主」であるかによって，リスクとリターンをどのように保有しているかは，大きく異なる。株式を持っていても，リスクとリターンを保有しないならば「所有者関係を構築しない」ということになる。2010年以後の米国FASBとIASBのプロジェクトでは，さまざまなアプローチが乱立し，まとまりのない状態のようである。

その点に関しては，ストック・オプション会計において，1990年の討議資料での議論の他，2000年代半ばより，米国の会計基準の設定過程では，新株予約

権とストック・オプションを負債に含めようとする議論も数回登場していた。なお，ストック・オプションの会計基準では，行使価格の修正など行使条件の変更により，資本として計上された新株予約権の金額が修正されることが可能であり，そこでは，費用の修正と新株予約権の修正の両方が伴っていた。

続く第5章では，ストック・オプションとして無償で新株予約権が付与される場合に，報酬費用を認識する根拠について，米国の会計基準の変遷と理論をたどる作業を行ってきた。ストック・オプションの付与から権利確定まで一定期間をおくことがほとんどであるので，この期間を労働提供期間とみなすことで，ストック・オプションは労働の提供に対して付与されると考えられた。この労働提供に対して，何らかの報酬費用が認識されるべきであると考えられるようになったのである。

ストック・オプションの付与に関して報酬費用を認識しようとする考え方に対して，ストック・オプションの付与と行使が資本取引であることを理由に，費用は一切発生しないという考え方も存在した。また，ストック・オプションに関して費用が認識されるとしても，報酬の性質をもたないストック・オプション・プランが非報酬プランとして位置づけられ，単なる資本取引であるから一切の費用認識が行われないとされるストック・オプションが存在した。

ストック・オプションに関する会計基準をめぐっては，米国では，費用認識を前提として，公正価値に基づいた測定が行われるべきか否かが焦点とされて，1980年代より長きにわたり議論が行われてきたが，第5章では，費用認識の根拠について，歴史的にどのような説明が行われてきたかについて，分析した。加えて，ストック・オプションの付与に伴う税効果会計の米国の会計基準上の変遷を考察することで，資本計算と損益計算に関する検討を行った。

ストック・オプションに関する会計基準について，歴史的な経緯をたどると，現行の公正価値法による費用認識が主張される以前は，1950年代から，本源的価値法による費用認識が会計基準として規定されていた。しかし，報酬費用の認識と払込資本の増加を結びつけるロジックが弱く，報酬プランと非報酬プランとを区別する考え方にみられるように，税法の課税繰延の要件に従ったケースもあった。

ストック・オプションの会計基準の設定プロセスを見る限り，米国FASBと

企業は，報酬費用の認識を公正価値法に基づいて行うことに対して議論を戦わせ，費用認識を規定しようとする米国FASBが，一時は，費用計上に反対する企業に譲歩し，公正価値法による会計処理ではなく，財務諸表注記での公正価値の情報開示にとどめたかのようにみえた。しかし，2001年のエンロン破綻をきっかけとして，粉飾決算の原因がストック・オプション以外の内容であったにもかかわらず，ストック・オプションを公正価値法で費用計上すれば会計不信が払しょくされるかもしれないとする世論の動向に振り回されていた。そこで，粉飾決算を行っていないことの証明として，企業が自発的に，ストック・オプションに関して公正価値法による費用計上を行うようになったのである。自発的な変更の影響で，ストック・オプションの会計基準の改訂に対して反対の声は少なくなったが，理論的な検討は行われないままであったように思われる。

　米国では，ストック・オプションの付与による費用計上自体を一般的に回避する傾向にある。本源的価値法による費用計上が規定されていたときは，行使価格を付与日の株価以上で設定することで，費用認識をゼロにしようとすることが多かった。一時，公正価値法が強制ではなく推奨される形で基準に盛り込まれたときにも，費用計上を回避するために公正価値法ではなく本源的価値法を選択していた。米国のストック・オプション会計基準が公正価値法による費用計上へと変わった時も，新株予約権を無償付与する形でのストック・オプションの新たな付与を停止し，売却などに制限を付ける形で自社株式を無償で付与する制度の採用など，株式に基づく報酬の形式を変えたのである。ストック・オプション会計基準の変遷に対する企業の反応は，米国と日本とでは異なっていた。

　続いて，ストック・オプションに関する米国の税効果会計については，当初，APB意見書第25号で規定されたが，それは，税効果会計一般についての統一的な原則である資産負債法が示された基準書第109号とは整合的ではなかった。その後，ストック・オプションの付与に伴い前払報酬を資産として計上する処理がFASB公開草案により提案された際には，基準書第109号と整合する税効果会計の処理が提案された。しかし，前払報酬の資産計上が認められないこととなったため，この処理は撤回された。実際，税効果会計について，FASB

公開草案と改訂前の基準書第123号を比較すると，払込資本の金額や税費用の配分に違いがでる。結局，税効果会計の統一原則である資産負債法に基づいて，会計上の資産・負債と税務上の資産・負債との差額について，将来の損金として算入される，あるいは将来課税される金額であるとして調整されるような手続が，ストック・オプションには適用されなかったのである。

　なお，ストック・オプションに関する税効果会計は，基準書第123号の改訂においても，税務上の損金算入金額と会計上の報酬費用の累計額とが一致しない場合，損益計算と払込資本の増減の両方で調整された。このように，税務上の損金算入金額と会計上の報酬費用の累計額の差額が，損益計算と資本計算の両方で調整されるのは，ストック・オプションの付与について，対応する2種類の取引が独立しているからである。損益計算に対応するのは，対価の受取の代わりに労働の提供が行われる取引であり，資本計算に対応するのは株式発行という資本取引であるということである。

　その後，2016年の米国FASBにおけるストック・オプション関連の改訂では，税効果会計について，労働を提供して対価を受け取る取引と株式発行という資本取引との2種類の取引が，独立せずに単一の取引であると解釈されるようになった。そこでは，労働の提供と対価の受取が行われる単一の取引であることが強調された。その結果，税務上の損金算入金額と会計上の報酬費用の累計額の差額が，損益計算として処理されるようになったのである。米国の税効果会計における，ストック・オプション取引に対する見解の変化は，今後，税効果会計だけではなく，ストック・オプション全般の会計にも影響すると思われる。

　第6章では，ストック・オプションをはじめとする株式関連報酬が，日本においてどのように導入されたかについて，分析を行った。米国では，百年以上前からストック・オプション報酬があったが，日本では，1997年に，ストック・オプション制度が本格的に導入された 。その後，会計基準も設定されたが，日本企業において，ストック・オプションはどの程度活用されているかについて分析した。

　日本企業のストック・オプション報酬の事例を見ると，米国で考案されたストック・オプションの原型である通常のストック・オプションが会計基準上は前提とされながらも，日本企業のストック・オプションの形式や条件における

傾向は，米国で行われてきたものとは異なっている。たとえば，米国で多くみられた通常のストック・オプションは，インセンティブの観点から行使価格が付与日の株価以上で設定されたが，そのようなストック・オプションは，ストック・オプションを付与した日本の上場企業のうち4分の1程度しか導入されていない。つまり，残りは，通常のストック・オプションとは異なる形式のストック・オプションを採用していることになる。このように，日本企業では，多様なストック・オプションが見られるが，特に，行使価格が1円である退職金タイプの株式報酬型ストック・オプションが多い。これは，行使が確実なことから，ストック・オプションの公正価値が大きく，それゆえ費用計上が大きくなることが指摘された。日本におけるこのようなストック・オプションの特徴は，ストック・オプションを公正価値法で費用計上するとした会計基準に対する反応である。日本では，必ずしも費用計上を回避するような報酬形式を選択するわけではない。さらに，退職金代わりの株式報酬型ストック・オプションについて，行使が確実なことから，そのような新株予約権について，資本の定義に関する問題が提起された。

　第6章後半では，ストック・オプションを自己新株予約権として取得する極めて特殊な事例を通じて，米国では自己株式と同様に自己新株予約権が資本取引として処理されているが，日本の会計基準では自己新株予約権が損益取引であることから，ここでも資本の定義の違いがみられたことを指摘した。

第4節 今後の課題

　本書では，負債と資本について，新株予約権を用いた資金調達とストック・オプションの検討を通じて，その区分，払込資本の増加金額の測定，そして損益計算のあり方について，議論してきた。特に，日本の新株予約権制度の下では，現金払込の伴う新株予約権とストック・オプションを一貫したものとして体系化している。この点について，確認する作業が行われた。その際，負債の評価問題と払込資本の測定問題との接点として，権利行使時に現金以外のものが払い込まれる代用払込について，社債部分の拠出をどのように見るかで，払

込資本の増加金額が決まることを問題とした。特に，社債部分の拠出を転換とみれば社債部分の帳簿価格が資本の金額となり，取得条項付きの取得と消却のような決済とみれば社債部分の時価が資本の金額となった点である。

　負債と資本の会計学という観点からは，新株予約権を負債とみるか資本とみるかで，再評価あるいは金額の修正の可能性も決まるとされ，それが問題となった。1990年代の米国において，新株予約権が資本か負債かについて議論された時は，株主資本の再評価の是非が問題となっていたが，2000年代には，ストック・オプションとの関係で自社株式による決済を伴う債務が負債か資本かをめぐる議論が行われていた。会計基準の上では，新株予約権を資本とみなし，行使条件に変更に伴う修正が行われたが，どのような経緯で修正が可能となったのであろうか。

　他方，現金決済の可能性のある転換社債については，通常の転換社債と区別して，米国の会計基準と国際財務報告基準では区分処理を規定していた。国際財務報告基準では，前述の株式決済時の払込資本の測定だけではなく，区分された転換権（新株予約権）が負債に含められたうえで決算日には時価評価されるとされた。この点は，現金払込かストック・オプションとしての無償付与かの違いではなく，日本の取得条項に類似した現金決済の可能性を織りこんだ転換社債であるかどうかが問題となった。

　さらに，株式に基づく報酬や自社株式による決済の中に，負債に分類されるものが含まれており，定義や分類において，実質的な性質をどこまで盛り込むかも課題になる。

　このように，払込の伴う新株予約権について，負債か資本のどちらに区分するかの問題の他に，払込が伴わず決済手段の性質を持つ新株予約権の多様性が明らかとなった。加えて，転換社債に関する多様性も本書における発見であり，今後の課題となった。

補論　日本の新株予約権の発行事例にみる修正条項の存在
──行使条件の変更との比較

　今まで述べてきたように，日本の新株予約権制度に基づく発行事例は多様で

あり，そのうち，2006年まで多く発行されてきたのは，行使価格に修正条項の付いたタイプであり，特に，行使価格が株価を下回るように設計された下方修正条項が多い。この修正条項は，変動する株価に合わせて行使価格を修正することから，MS（Moving-Strike）型とよばれていた。このMS型には，現金払込の伴う新株予約権の単独発行と，修正条項付転換社債（Moving-Strike Convertible Bond : MSCB）の発行の２つのケースがみられた。

　補論では，行使価格に関する修正条項を素材にして，会計上どのような議論が可能であるかを検討したい。その際，日本では，行使価格あるいは転換価格などの行使条件の変更に関する会計基準が整備されてきたが，その基準で想定されている状況と，実際の修正条項を比較したい。

1　修正条項付で新株予約権が発行された事例

　行使価格あるいは転換価格に関する修正条項は，概念上，上方と下方のいずれにも設定されることが可能である。しかし，実際には，株価が下落すると転換が進みにくいため，金融機関が新株予約権付社債を引き受ける際に，行使価格あるいは転換価格を株価よりも安く修正できるように設計することがあった。このような修正条項の付いた転換社債型新株予約権付社債は，MSCBとよばれ，単独で発行される新株予約権も，修正条項がついたものはMSワラントと称された。

　単独で発行される新株予約権のうち，修正条項が付けられた事例としては以下が挙げられる。いずれも第三者割当であった。なお，当時の社名のままで紹介する。

■**東京放送**：買収の脅威にさらされた場合，かかる事由の発生日に先立つ６か月間の各取引日における終値の平均値の90％に下方修正。2007年６月１日以後，毎週５連続取引日の終値平均に修正。行使期間は2005年６月６日から2007年６月30日まで。2005年５月発行。

■**スカイマークエアラインズ**：上限と下限を設定。行使価格は，行使請求の効力発生日の前日までの５連続取引日の終値の平均値の90％に修正（一定期間に

98％ということもある）。行使期間は2006年９月26日から2009年９月25日まで。コミットメント条項付買い取り契約により，発行企業が行使要請を行うことができる。2006年９月発行。

■間組：下限を設定。行使価格は，行使請求の効力発生日の前取引日の株価の終値の99％に修正。権利行使期間は2011年６月25日から2012年12月24日まで。2010年12月発行。

修正条項付転換社債型新株予約権付社債（MSCB）の行使条件はどのようなものであったのであろうか。たとえば，以下のケースがあった。

■ライブドア：下限を設定。額面に等しい金額での発行であり，利息は付さない。新株予約権の発行価格は無償とされた。社債の発行後，毎週金曜日の翌取引日以降，転換価格は，決定日までの３連続取引日の東京証券取引所における当社普通株式の売買加重平均価格の平均値の90％に相当する金額（修正後転換価格）に修正。権利行使期間は2005年２月25日から2010年２月23日まで。2005年２月発行。

2　新株予約権の行使価格の修正と行使条件の変更に関する日本の会計基準

新株予約権の行使価格の修正について，日本の会計基準では規定はない。ただ，類似のものとして，日本のストック・オプション会計基準では，付与後に行使価格を引き下げたケースに関する規定がある。しかし，現金の払込が伴うケースとストック・オプションのような無償付与のケースを全く同じに考えていいかは，今までの検討で示されたように，まだ明らかにされていない。そこでまず，日本のストック・オプションの会計基準における行使価格の変更の規定をみた後で，米国の会計基準や国際基準の動向をとらえていきたい。

行使価格の変更は，日本の「ストック・オプション等に関する会計基準」において，ストック・オプションの公正な評価単価を変動させる条件変更として扱われている[1]。上記の会計処理は，現金払込を伴う新株予約権について，発

行後に行使価格を下方修正する場合にも適用されるのであろうか。「ストック・オプション等に関する会計基準」によれば，適用範囲に含まれない取引として，「敵対的買収防止策として付与される自社株式オプション」が挙げられている[2]。

　さらに，同会計基準の用語の説明を見ると，「条件変更」の説明の中に，「付与したストック・オプションに係る条件を事後的に変更し，（以下略）」とある[3]。この会計基準が行使価格の下方修正に適用される場合，ストック・オプションの付与後の条件変更に該当すると思われる。しかし，行使価格に関して修正条項を付した企業は，新株予約権あるいは新株予約権付社債の発行要領とプレスリリースにおいて，修正条項に関する説明を行っており，新株予約権の発行前の予告に相当する。つまり，新株予約権の発行時には，新株予約権の購入者と発行企業との間で，修正条項に関する合意が成立していると解釈される[4]。したがって，行使価格に関する修正条項が，新株予約権付社債の発行後の条件変更に該当しないととらえれば，ストック・オプション会計基準でみられる行使価格の修正に関する規定は適用されないと考えることができる。

3　新株予約権の行使価格の修正と米国の会計基準

　米国の会計基準には，行使価格の変更に関する基準が2つある。1つは，FASBの基準書第84号「転換社債の転換の促進」[5]であり，もう1つは，基準書第123号改訂「株式関連報酬」である。後者はストック・オプションの会計なので，前述の日本の基準と比較することができる。前者は時期的に昔のものであるが，現在でも適用されており，現金での払込が行われているという点では，日本の新株予約権の行使価格の下方修正の参考にもなると思われる。

　はじめに，基準書第123号改訂における，ストック・オプションの行使価格の下方修正に関する規定についてみてみよう。まず，行使価格の下方修正は，ストック・オプションの条件の変更に該当する。基準書の中で，条件の変更は，新しいストック・オプションとの交換であると解釈されている。つまり，事実上，発行企業は，先に付与したストック・オプションを買い戻し，代わりに新しいストック・オプションを付与することになる。この新しいストック・オプションの条件は，行使価格の引き下げにより行使されやすくなっており，オプ

ションの公正価値は，以前のオプションよりも大きいと考えられる。その結果，価値の増加分だけ追加的な報酬費用が発生するという[6]。

　他方，転換社債の転換の促進の際の会計処理を規定した基準書第84号について，その適用範囲は限定されている。この基準が適用されるのは，転換社債の転換を促進させるために，発行企業が，発行時とは異なる転換条件を特定の短い期間に採用したケースに限られている[7]。発行時とは異なる転換条件の中には，発行時に設定された転換価格を引き下げることで，発行時の転換条件よりも多くの株式を発行する場合も含まれている[8]。注意したいのは，基準書第84号の適用範囲に挙げられていないような転換条件の変更に関しては，この基準は適用されない点である。

　では，具体的に，基準書第84号が適用されるような転換条件の変更が行われた場合の処理をみてみよう。転換を促進するために転換価格の下方修正など条件の変更を行った場合には，新しい条件下で発行された株式の公正価値が，当初の条件に従って発行されうる株式の公正価値を上回る分を，社債転換費（Debt Conversion Expense）として認識すべきであるとされている[9]。なお，転換の促進を目的として，転換条件を変更した際に，実際に転換が行われた場合には，新しい条件下で発行された株式の公正価値のほうが，当初の条件下で発行されうる株式の公正価値よりも大きい。

　この基準で強調されたのは，転換の促進に伴う条件変更は，転換が社債の償還と株式の発行の両方を含む取引であるとして，単純な株式発行とは異なるものとされる点である[10]。そこで，単純な株式発行の際に生じる株式発行費が払込資本の直接的な減少であるのに対して，転換条件の変更を伴う株式発行の際に生じる社債転換費はそのようには把握されずに，費用として認識されると考えるのである。

　しかし，この基準は，転換社債の区分処理を前提としていないので，ただちに新株予約権に適用できるかはわからない。特に，社債転換費の認識の根拠が，転換が単なる株式発行とは区別されて社債の償還と株式発行の組み合わせであると述べられている以上，新株予約権への適用は難しいかもしれない。

　また，転換の促進に対する，米国基準のこのような考え方に対しては，転換価格の下方修正に伴う費用の認識自体が，留保利益を払込資本に組み込むこと

につながり，資本と利益の区別の観点から問題になるという議論もある[11]。この点については，この基準の公開草案が公表された後に，条件の変更によって発行されうる株式数が変化することは，株式を発行する義務に変化をもたらすものではないし，株式発行時にいかなる損益も認識されるべきではないというコメントが寄せられていた[12]。

4　新株予約権の行使価格の修正と国際会計基準

　国際会計基準および国際財務報告基準においても，行使価格の修正に関する規定が2つある。1つは，国際会計基準第32号「金融商品：開示及び表示」における複合金融商品の早期転換を促すための条件変更に関する適用指針（Application Guidance）[13]である。もう1つは，米国基準と同様に，ストック・オプションに関する行使条件の変更であり，国際財務報告基準第2号「株式報酬」での行使条件の変更に関する基準である。

　まず，国際会計基準第32号「金融商品：開示及び表示」では，転換社債について，持分金融商品と負債金融商品の複合である「複合金融商品」であると解釈され，転換オプションを持分，社債部分を負債として区分処理が行われている[14]。会計基準の不可欠な一部（integral part）を構成する適用指針には，早期償還または買い戻しが行われた場合，支払った対価について負債部分と持分部分とに配分することとしており，区分処理を前提とした説明が行われている。そこでは，早期転換を促すような条件の変更について言及されている[15]。たとえば，転換を促すために転換比率を有利にすることが挙げられており，これは転換価格の引き下げを意味する。転換価格の引き下げが行われた場合には，変更後の条件に従って，複合金融商品（転換社債）の保有者が受け取る株式の公正価値と，当初の条件に従って保有者が受け取ったであろう株式の公正価値との差額が，損益計算書において損失として認識されるという[16]。

　他方，国際財務報告基準第2号「株式報酬」では，持分金融商品の行使条件の変更の中に，行使価格の引き下げが含まれている。そこでは，行使価格を引き下げると，オプションの公正価値が増加するとされ，株式報酬取引において，条件変更の影響が処理されるという。基準書の不可欠な一部を構成する適用指

針によれば，条件変更により，測定されるオプションの公正価値が増加する場合，増加分は，権利確定までにわたって受け取るサービスに関して認識される金額に含められると考えられる。その結果，権利確定までの間に追加的に費用として認識されることになる[17]。

　例示部分を見る限り，米国基準と変わりはなく，転換社債の区分処理を特別に考慮したものではない。もし，転換社債の区分処理を前提とするなら，新株予約権にあたる転換オプションの公正価値を条件変更により評価し直すことも考えられるが，ストック・オプションの行使価格の引き下げのような処理は行われていないのである。複合金融商品の買い戻しや早期償還の場合に，国際会計基準では，区分処理を前提とする処理が考えられていたが，そこでの処理とストック・オプションの条件変更とは，明らかに異なる。

　また，条件変更に関わる基準の適用範囲について，米国基準のような詳細な定義は示されていない。しかし，例示によれば，条件変更による転換価格の引き下げは，短期的なものとして想定されているようである。この点は，日本企業の新株予約権あるいは転換社債の修正条項の多くにみられてきたような，行使価格ないし転換価格を株価平均値の100％未満とする条項にも該当するかは明確ではない。

　以上，既存の会計基準のうち，ストック・オプション会計での条件変更と，転換社債の転換の促進に関する規定から，日本企業でかつて多く行われた修正条項に関する検討ができそうである。

　ただ，ストック・オプションのケースは，金銭と引き換えでなく，無償付与であり報酬費用の認識を伴うものであり，条件変更が公正価値に影響を与えると考えれば，評価をし直すことになる。ストック・オプションとして付与された新株予約権を再評価するということであるが，費用の修正が積極的に行われているのかはわからない。また費用の修正が先で，付随的に新株予約権を再評価するのかもしれない。

　他方，転換社債の区分処理が規定されても，転換の促進の処理に関する基準を新株予約権には適用できないかもしれない。というのは，転換社債の場合，金銭を払い込むのではなく社債そのものを拠出するため払込金額に変動はないが，転換価格の修正により発行株式数が増加するためそれをどのように扱う

第7章　結論と今後の課題　*189*

か，という点が注目されている。しかし，新株予約権を単独で発行する場合には，ストック・オプションの場合を含めて，行使価格を修正しても，株式数に変化はなく，払込金額が変動する。つまり，払込金額に応じた払込資本を認識するしかない。既存株主への損失は，その分，新たに株主になった者の利益となったのである。それを会計処理で示すことはできない。

◆注

1　企業会計基準委員会（2005b）第10項－第13項による。
2　企業会計基準委員会（2005b）第27項（6）および第33項による。
3　企業会計基準委員会（2005b）第2項（5）による。
4　野口（1995）pp.69-71による。
5　FASB（1985b）による。
6　FASB（2004）para.51による。
7　FASB（1985b）para.2による。
8　転換条件の変更には，転換価格の引き下げの他に，当初の転換条件に含まれていなかったが追加的にその他の証券の発行を伴うようなケースがある。
9　FASB（1985b）para.3およびAppendix Aの用語と具体例を参照のこと。
10　FASB（1985b）para.24による。
11　大日方（1991）および大日方（1994）による。
12　FASB（1985b）paras.26-27による。
13　国際会計基準の適用指針は，基準書の不可欠な一部を構成すると述べられており，基準の特定の側面の適用を説明している。IASC（1995）para.AG.1による。
14　IASC（1995）paras.28-32による。
15　IASC（1995）para.AG.35による。
16　IASC（1995）para.AG.35の他に，例示部分であるparas.IE.47-IE.50を参照されたい。
17　IASB（2004）paras.B.42-B.43による。

参考文献

秋坂朝則（2009）「会計上の負債と払込資本の区分をめぐる国際的な動向とわが国への適用可能性について」『金融研究』（日本銀行金融研究所）第28巻第1号，pp.99-117

池田幸典（2006）「負債・持分の区分の規準の諸相」『高崎経済大学論集』第48巻第4号，pp.143-156

池田幸典（2010）「負債および持分の概念規定のあり方をめぐる検討」『會計』第177巻第6号，pp.15-27

池田幸典（2016）『持分の会計—負債・持分の区分および資本取引・損益取引の区分—』中央経済社

池村恵一（2006）「ストック・オプション会計の国際的課題」『會計』第170巻第1号，pp.67-79

今福愛志（2001）「資産の取得と決済方法の変化—負債と資本の区分問題」『企業会計』第53巻第8号

ウィリス・タワーズ・ワトソン・三菱UFJ信託銀行株式会社（2017）「株式報酬の導入状況」2017年8月16日

江尻隆・丹下隆之（2009）「新株予約権付社債の取得条項」『西村あさひ法律事務所金融ニューズレター』2009年3月号

大日方隆（1991）「新株発行の会計問題—拠出資本と留保利益との区分に着目して—」『産業経理』第51巻第1号

大日方隆（1994）『企業会計の資本と利益』森山書店

椛田龍三（2001）『自己株式会計論』白桃書房

川村義則（2004）「負債と資本の区分問題の諸相」『金融研究』（日本銀行金融研究所）第23巻第2号，pp.73-103

企業会計基準委員会（2002）実務対応報告第1号「新株予約権及び新株予約権付社債の会計処理に関する実務上の取扱い」

企業会計基準委員会（2005a）企業会計基準第5号「貸借対照表の純資産の部の表示に関する会計基準」2005年12月

企業会計基準委員会（2005b）企業会計基準第8号「ストック・オプション等に関する会計基準」2005年12月

企業会計基準委員会（2005c）企業会計基準適用指針第11号「ストック・オプション等に関する会計基準の適用指針」2005年12月（2006年5月最終改正）

企業会計基準委員会（2006）改正企業会計基準第10号「金融商品に関する会計基準」2006年8月（2008年3月最終改正）

企業会計基準委員会（2007）企業会計基準適用指針第17号「払込資本を増加させる可能性のある部分を含む複合金融商品に関する会計処理」2007年4月

企業会計審議会（1999）「金融商品に係る会計基準」1999年11月

斎藤静樹（2006）「株式購入オプションの会計基準とその争点」『會計』第170巻第1号，pp.1-14

齋藤真哉（1997）「税効果会計論（2）─財務諸表上と納税申告上の差異─」『會計』第151巻第2号，pp.117-129

志賀理（2010）「FASB持分の特徴を有する金融商品に係る会計処理の方向性」『會計』第177巻第3号，pp.75-87

志賀理（2006）「FASB発行者による金融商品会計における持分概念の規定─FASBマイルストーン・ドラフト『一つの構成要素からなる金融商品およびその他の金融商品の分類（案)』について─」『同志社大学ワールド・ワイド・ビジネス・レビュー』第7巻第2号，pp.23-34

志賀理（2011）『会計認識領域拡大の論理』森山書店

ストック・オプション等株式関連報酬制度研究委員会 編（1999）『ストック・オプション等株式関連報酬制度研究委員会報告─ストック・オプション等の会計をめぐる論点』企業財務制度研究会

田中建二（2006）「会計上の資本の内と外」『會計』第169巻第4号，pp.1-12

田中建二（2007）「現金決済型新株予約権付社債の会計」『會計』第172巻第6号，pp.1-12

田中建二（2011）「ストック・オプション会計再考」『會計』第180巻第4号，pp.14-28

徳賀芳弘（2014）「負債と資本の区分」平松一夫・辻山栄子責任編集『会計基準のコンバージェンス』第9章収録，中央経済社

永田守男（1995）「アメリカ税実務における会計の機能」『會計』第148巻第5号，pp.90-100

名越洋子（1995）「新株引受権付社債の会計問題」『會計』第147巻第4号，pp.121-131

名越洋子（1996a）「条件付き新株発行と拠出資本の測定─新株引受権の行使と転換社債の転換─」『産業経理』第55巻第4号，pp.110-116

名越洋子（1996b）「新株引受権の供与とストックオプション─役員報酬の二形態」『企業会計』第48巻第8号，pp.123-127

名越洋子（1999a）「複合金融商品の会計」醍醐聰編著『国際会計基準と日本の企業会計』中央経済社，第3章3-3収録，pp.149-159

名越洋子（1999b）「ストックオプションにかんする会計情報と自己株式の処理─資本取引か損益取引か─」『明大商学論叢』（明治大学商学研究所）第81巻第3・4号，pp.451-463

名越洋子（2001）「株式発行による支払義務にみる会計情報の諸問題─負債の定義の再考と自己株式の処理─」『明治大学社会科学研究所紀要』（明治大学社会科学研究所）第40巻第1号，pp.91-102

名越洋子（2003）「経営者報酬をめぐる企業統治問題」醍醐聰責任編集・今福愛志編著『企業統治の会計』東京経済情報出版，第4章収録，pp.63-82

名越洋子（2007）「新株予約権の発行と行使価格の下方修正」『明大商学論叢』（明治大学商学研究所）第89巻第2号，pp.203-215

名越洋子（2016）「取得条項付転換社債型新株予約権付社債の会計問題―現金と自社の株式による取得と消却を中心に―」『明大商学論叢』（明治大学商学研究所）第98巻第3・4号，pp.47-63

名越洋子（2017）「自社株式による決済の会計と負債・資本の区分」『明大商学論叢』（明治大学商学研究所）第99巻3・4号，pp.15-35

日本公認会計士協会（1998）会計制度委員会報告第2号改訂「自己株式の会計処理及び表示」

野口晃弘（1988）「株式増価受益権の会計」『企業会計』第40巻第2号

野口晃弘（1993）「繰延役員報酬勘定の性格」『會計』第144巻第6号

野口晃弘（1995）「転換社債・新株予約権付社債の下方修正条項と会計処理」『會計』第147巻第1号

野口晃弘（2008）「ストック・オプション会計基準の課題」『会計・監査ジャーナル』第631号，pp.48-54

野口晃弘（2011）「新株予約権の会計」安藤英義・古賀智敏・田中建二責任編集『企業会計と法制度』中央経済社，第3章収録，pp.75-95

野口晃弘（2013）「株式報酬型ストック・オプションの会計」『會計』第183巻第6号，pp.16-26

山下克之（2016）「ストック・オプションに関する会計処理の再検討」『會計』第189巻第6号，pp.42-54

山田純平（2008）「一部現金で決済される転換社債と転換損益の性格―既存株主からの富の移転と会計上の利益計算―」『會計』第173巻第1号，pp.82-94

山田純平（2012）『資本会計の基礎概念―負債・持分の識別と企業再編会計』中央経済社

米山正樹（2003）「デット・エクイティ・スワップ債務者側の会計処理」『学習院大学経済論集』第39巻第4号，pp.233-241

米山正樹（2008）『会計基準の整合性分析―実証研究との接点を求めて』中央経済社

AAA（1957）"Accounting and reporting standards for Corporate Financial statements 1957 revision," *Accounting Review*（October 1957）.

AICPA（1948）Accounting Research Bulletins No.37 : Accounting for compensation in the Form of Stock Options.

AICPA（1953）Accounting Research Bulletins No.43 : Restatement and Revision of Accounting Research Bulletins.

AICPA（1965）APB Opinion No.6 : Status of Accounting Research Bulletins.

AICPA (1969) APB Opinion No.14 : Accounting for Convertible Debt and Debt Issued with Stock Purchase Warrants.

AICPA (1972a) APB Opinion No.25 : Accounting for Stock Issued to Employees.

AICPA (1972b) APB Opinion No.26 : Debt Tendered to Exercise Warrants.

AICPA (1973) Accounting Interpretation of APB Opinion No.26 : Debt Tendered to Exercise Warrants.

Clancy, D.K. (1976) "What is a Convertible Debenture? A Review of the Literature in the U.S.A.," *Abacus* (December 1976).

FASB (1978) FASB Interpretation No.28 : Accounting for Stock Appreciation Rights and Other Variable Stock Option or Award Plans – an interpretation pf APB Opinions No.15 and No.25.

FASB (1983) SFAS No.76 : Extinguishment of Debt.

FASB (1985a) Statement of Financial Accounting Concept No.6 : Elements of Financial Statements.

FASB (1985b) SFAS No.84 : Induced Conversions of Convertible Debt – an amendment of APB Opinions No.26.

FASB (1990) Discussion Memorandum No.94 :Distinguishing between Liability and Equity Instruments and Accounting for Instruments with Characteristics of Both.

FASB (1992) SFAS No.109 : Accounting for Income Taxes.

FASB (1993) Exposure Draft : Accounting for Stock-Based Compensation.

FASB (1995) SFAS No.123 : Accounting for Stock-Based Compensation.

FASB (2000a) Exposure Draft : Accounting for Financial Instruments with Characteristics of Liabilities, Equity, or Both.

FASB (2000b) Exposure Draft : an amendment of FASB Concepts Statement No.6.

FASB (2000c) FASB InterpretationNo.44 : Accounting for Certain Transactions involving Stock Compensation – an interpretation of APB Opinion No.25.

FASB (2003) SFAS No.150 : Accounting for Certain Financial Instruments with Characteristics of both Liabilities and Equity.

FASB (2004) SFAS No.123 (Revised) : Accounting for Stock-Based Compensation (Accounting Standard Codification Topic 710 Compensation-Stock Compensation), December 2004.

FASB (2005) Milestone Draft : Proposed Classification for Single-Component Financial Instruments and Certain Other Instruments.

FASB (2007) Preliminary Views : Financial Instruments with Characteristics of Equity, November 2007.

FASB (2008) FASB Staff Position APB 14-1: Accounting for Convertible Debt Instruments that may be Settled in Cash upon Conversion (Including Partial Cash Settlement).

参考文献　*195*

Hendriksen, E.S. (1982) *Accounting Theory* (R.D.Irwin 1982).

IASB (2003) International Accounting Standard (IAS) No.32 (Revised) : Financial Instrument : Disclosure and Presentation.

IASB (2004) International Financial Reporting Standard (IFRS) No.2 : Share-Based Payment, December 2004.

IASB (2008) IAS No.32 : Financial Instruments : Presentation.

IASB (2009) IAS No.32 : Financial Instruments : Presentation.

IASC (1995) IAS No.32 : Financial Instruments : Disclosure and Presentation.

IASC (1997) Standing Interpretations Committee (SIC) Interpretation No.5 : Classification of Financial Instruments-Contingent Settlement Provisions.

IASC (1998a) IAS No.32 (Revised) : Financial Instruments : Disclosure and Presentation.

IASC (1998b) SIC Interpretation No.16 : Share Capital-Reacquired Own Equity Instruments (Treasury Shares).

IASC (2000a) IAS No.39 (Revised) : Financial Instruments : Recognition and Measurement.

IASC (2000b) G4+1 Position Paper : Accounting for Share-Based Payment.

McInnes, W.M., P.R. Draper and A.P. Marshall (1991) "Accounting for Convertible Loan Stock : A Decomposition Approach," *Accounting and Business Research* (Summer 1991).

Ohlson, J.A. and S.H. Penman (2005) "Debt vs. Equity : Accounting for Claims Contingent on Firm's Common Stock Performance with Particular Attention to Employee Compensation Options," *White Paper Number One*, Center for Excellence in Accounting and Security Analysis, Columbia Business School.

Ramirez, Juan (2015) *Accounting for Derivatives-Advanced Hedging under IFRS 9 (second edition)*, John Wiley & Sons Ltd.

Rubinstein, M. (1995) "On the Accounting Valuation of Employee Stock Options," *The Journal of Derivatives*,Vol.3,No.1 (Fall 1995) pp.8-24.

Swieringa, Robert J. (1987) "Accounting for Stock Option," *FASB Status Report* No.183 (January 1987).

Thomas,E.K., A.K.Ortegren and R.M.King (1990) "A Reassessment of the Allocation of Convertible Debt Proceed and the Implications for Other Hybrid Financial Instruments," *Accounting Horizon* (September 1990).

Zeff, Stephen A. (1978) "The Rise of Economic Consequences," *Journal of Accountancy* (December 1978).

索　引

欧　文

MS（Moving-Strike）型…………… 183

あ　行

「一部現金決済型」の転換社債 …… 60
一括法……………………………… 20
一時的差異……………………… 121, 125
エンロン破綻……………………… 116, 179
オプション・プライシング・モデル
…………………………106, 109, 150

か　行

会計上の前払報酬………………… 125
買戻し条件の付いた株式…………… 141
額面現金決済型…………………… 41
株価変動幅（ボラティリティ）
………………………69, 106, 150
株式SAR ………………………… 139
株式関連報酬……………………… 11, 104
株式の「通貨化」………………… 71, 89
株式評価益受益権………………… 139
株式報酬型ストック・オプション
…………………………156, 181
株式報酬費………………… 152, 156
下方修正条項……………………… 183
間接的所有持分証券……………… 80
疑似ストック・オプション………… 12
基礎の所有アプローチ…………… 83
区分処理………………… 16, 22, 172
区分法……………………………… 21
繰延税金資産………… 122, 129, 131
繰延税金費用……………………… 126
繰延税金負債……………………… 126
繰延税金ベネフィット…………… 131

決済損益………………………… 61

決済損益………………………… 61
現金SAR ………………………… 139
現金決済…………………… 59, 176
現金決済型の株式関連報酬……… 139
権利確定日………………………… 109
コーポレート・ガバナンス……… 117
行使価格の変更…………………… 184
公正価値…………… 106, 150, 152, 178
公正価値法……………………… 104, 179
公正な評価単価…………………… 154
固定型ストック・オプション……… 102

さ　行

債権債務関係……………………… 77
債務の金銭的価値………………… 77
自己株式…………………………… 88
自己株式処分差額………………… 166
自己社債…………………………… 46
自己新株予約権………… 47, 161, 181
自己新株予約権回収益…………… 165
自己新株予約権消却損…………… 163
自己転換社債……………………… 47
自社株式による決済を伴う債務
………………… 66, 72, 85, 176
実現された税金ベネフィット……… 131
資本確定アプローチ……………… 82
従業員株式購入プラン…………… 97
修正条項…………………………… 5
修正条項付転換社債（Moving-Strike
Convertible Bond : MSCB）…… 183
取得条項………………… 6, 40, 175
取得と同時に消却する場合……… 52
取得の対価………………………… 45
純資産の部………………………… 3
償還（消却）損益………………… 48

消却損益……………………………… 51, 56
将来の法人税の軽減…………………… 122
所有関係・決済アプローチ………… 79
所有者関係（ownership relationship）
　を構築しない………………… 77, 89
新株予約権者…………………………… 2
新株予約権制度………………………… 2
新株予約権付社債…………………… 19, 172
新株予約権の無償付与…… 11, 108, 149
新株予約権戻入益…………………… 164
ストック・オプション………… 10, 68
ストック・オプション—払込資本… 107
税金ベネフィット…………………… 136
制限株式……………………………… 119
税効果会計………………………… 121, 179
税務上の前払報酬…………………… 125
早期償還……………………………… 29
ソフトマンダトリー条項…………… 42
損金算入金額………………………… 120

た　行

退職慰労金…………………………… 156
代用払込………………………… 19, 27
タンデム・アワード………………… 139
超過税金ベネフィット………… 131, 135
追加的な法人税不足………… 133, 135
通常のストック・オプション… 153, 180
転換価値……………………………… 41
転換権………………………………… 15
転換社債……………………………… 19
転換社債型新株予約権付社債…… 6, 17
転換損益……………………………… 32
転換の促進…………………………… 186

な　行

内国歳入法…………………………… 101
二項格子モデル……………………… 157

は　行

払込資本—ストック・オプション… 98
払込資本を増加させる可能性のある
　部分を含む金融商品……………… 17
非適格ストック・オプション……… 119
非報酬プラン………………………… 97
複合金融商品………………… 6, 16, 172
負債確定アプローチ………………… 82
プット権付株式……………………… 141
付与日………………………………… 109
ブラック・ショールズ・モデル…… 157
変動型（variable）ストック・オプション
　……………………………………… 103
報酬費用………… 95, 103, 106, 150, 178
報酬プラン…………………………… 97
本源的価値…………………………… 97

ま　行

前払報酬……………………………… 107
未払法人税の減少…………………… 123

や　行

有償ストック・オプション………… 155

ら　行

リストリクテッド・ストック……… 119
労働サービスの提供期間…………… 101
労働提供期間………………………… 178

◆著者紹介

名越　洋子（なこし　ようこ）

明治大学商学部教授
1991年慶應義塾大学経済学部卒業，1997年東京大学大学院経済学研究科博士課程単位取得退学。明治大学商学部専任講師，助教授を経て，2006年より現職。日本コーポレート・ガバナンス・フォーラム運営委員，日本コーポレート・ガバナンス・ネットワーク企画委員，相模原市下水道事業審議会　審議委員・会長等を歴任。

＜主要著書・論文＞

『会計基準研究の原点』共著，中央経済社，2012年
Corporate Governance in Japan —From the Viewpoints of Management, Accounting, and the Market 共著，Springer，2006年
『企業統治の会計』共著，東京経済情報出版，2003年
『国際会計基準と日本の企業会計』共著，中央経済社，1999年
『ストック・オプション等の会計をめぐる論点』共著，財団法人企業財務制度研究会，1999年
「日本企業のストック・オプションの特徴と自己新株予約権の処理」『ディスクロージャー ＆
IR』第 1 号，2017年
　　　　　　　　　　　　　　　　　　　　　　　　　　　　　　　　　　　　　　他多数

負債と資本の会計学
──新株予約権・複合金融商品・ストック・オプションの検討

2018年 3 月31日　第 1 版第 1 刷発行

著　者	名　越　洋　子	
発行者	山　本　　　継	
発行所	㈱中央経済社	
発売元	㈱中央経済グループ パブリッシング	

〒101-0051　東京都千代田区神田神保町1-31-2
電話　03 (3293) 3371 (編集代表)
03 (3293) 3381 (営業代表)
http://www.chuokeizai.co.jp/
印刷／㈱ 大 藤 社
製本／誠 製 本 ㈱

Ⓒ 2018
Printed in Japan

＊頁の「欠落」や「順序違い」などがありましたらお取り替えいたしますので発売元までご送付ください。（送料小社負担）
ISBN978-4-502-26261-6　C3034

JCOPY〈出版者著作権管理機構委託出版物〉本書を無断で複写複製（コピー）することは，著作権法上の例外を除き，禁じられています。本書をコピーされる場合は事前に出版者著作権管理機構（JCOPY）の許諾を受けてください。
JCOPY〈http://www.jcopy.or.jp　e メール：info@jcopy.or.jp　電話：03-3513-6969〉

──■おすすめします■──

学生・ビジネスマンに好評
■最新の会計諸法規を収録■

新版 会計法規集

中央経済社編

会計学の学習・受験や経理実務に役立つことを目的に，最新の会計諸法規と企業会計基準委員会等が公表した会計基準を完全収録した法規集です。

《主要内容》

会計諸基準編＝企業会計原則／外貨建取引等会計処理基準／連結CF計算書等作成基準／研究開発費等会計基準／税効果会計基準／減損会計基準／自己株式会計基準／1株当たり当期純利益会計基準／役員賞与会計基準／純資産会計基準／株主資本等変動計算書会計基準／事業分離等会計基準／ストック・オプション会計基準／棚卸資産会計基準／金融商品会計基準／関連当事者会計基準／四半期会計基準／リース会計基準／工事契約会計基準／持分法会計基準／セグメント開示会計基準／資産除去債務会計基準／賃貸等不動産会計基準／企業結合会計基準／連結財務諸表会計基準／研究開発費等会計基準の一部改正／変更・誤謬の訂正会計基準／包括利益会計基準／退職給付会計基準／原価計算基準／監査基準／連続意見書　他

会 社 法 編＝会社法・施行令・施行規則／会社計算規則

金 商 法 編＝金融商品取引法・施行令／企業内容等開示府令／財務諸表等規則・ガイドライン／連結財務諸表規則・ガイドライン／四半期財務諸表等規則・ガイドライン／四半期連結財務諸表規則・ガイドライン　他

関 連 法 規 編＝税理士法／討議資料・財務会計の概念フレームワーク　他

──■中央経済社■──

■最新の監査諸基準・報告書・法令を収録■

監査法規集

中央経済社編

本法規集は，企業会計審議会より公表された監査基準をはじめとする諸基準，日本公認会計士協会より公表された各種監査基準委員会報告書・実務指針等，および関係法令等を体系的に整理して編集したものである。監査論の学習・研究用に，また公認会計士や企業等の監査実務に役立つ1冊。

《主要内容》

企業会計審議会編＝監査基準／不正リスク対応基準／中間監査基準／四半期レビュー基準／品質管理基準／保証業務の枠組みに関する意見書／内部統制基準・実施基準

会計士協会委員会報告編＝会則／倫理規則／監査事務所における品質管理　**《監査基準委員会報告書》**　監査報告書の体系・用語／総括的な目的／監査業務の品質管理／監査調書／監査における不正／監査における法令の検討／監査役等とのコミュニケーション／監査計画／重要な虚偽表示リスク／監査計画・実施の重要性／評価リスクに対する監査手続／虚偽表示の評価／監査証拠／特定項目の監査証拠／確認／分析的手続／監査サンプリング／見積りの監査／後発事象／継続企業／経営者確認書／専門家の利用／意見の形成と監査報告／除外事項付意見　他**《監査・保証実務委員会報告》**継続企業の開示／後発事象／会計方針の変更／内部統制監査／四半期レビュー実務指針／監査報告書の文例

関係法令編＝会社法・同施行規則・同計算規則／金商法・同施行令／監査証明府令・同ガイドライン／内部統制府令・同ガイドライン／公認会計士法・同施行令・同施行規則

法改正解釈指針編＝大会社等監査における単独監査の禁止／非監査証明業務／規制対象範囲／ローテーション／就職制限又は公認会計士・監査法人の業務制限

会計と会計学の到達点を理論的に総括し、
現時点での成果を将来に引き継ぐ

体系現代会計学 全12巻

■総編集者■

斎藤静樹(主幹)・安藤英義・伊藤邦雄・大塚宗春

北村敬子・谷　武幸・平松一夫

■各巻書名および責任編集者■

第1巻　企業会計の基礎概念 ───────── 斎藤静樹・德賀芳弘

第2巻　企業会計の計算構造 ──────北村敬子・新田忠誓・柴　健次

第3巻　会計情報の有用性 ───────── 伊藤邦雄・桜井久勝

第4巻　会計基準のコンバージェンス────── 平松一夫・辻山栄子

第5巻　企業会計と法制度 ─────── 安藤英義・古賀智敏・田中建二

第6巻　財務報告のフロンティア────── 広瀬義州・藤井秀樹

第7巻　会計監査と企業統治 ──────── 千代田邦夫・鳥羽至英

第8巻　会計と会計学の歴史───────── 千葉準一・中野常男

第9巻　政府と非営利組織の会計 ─────── 大塚宗春・黒川行治

第10巻　業績管理会計────────── 谷　武幸・小林啓孝・小倉　昇

第11巻　戦略管理会計 ───────────── 淺田孝幸・伊藤嘉博

第12巻　日本企業の管理会計システム───廣本敏郎・加登　豊・岡野　浩

中央経済社